AF666871

Cameroun, le temps des incertitudes

Points de vue
Collection dirigée par Denis Pryen
et
François Manga-Akoa

Déjà parus

Brice NZAMBA, *De l'ethnie à l'État-nation. Pouvoirs traditionnels et pouvoir politique au Congo-Brazzaville*, 2012.
Patrick EMERY BAKONG, *La politique militaire africaine en France. Forces sociales et changements récents,* 2012.
Simon-Florent MOUNYEMB-TENWO, *Une belle page de l'histoire des Lôg Bakôp, Psychanalyse d'un peuple*, 2012.
Francis Michel MBADINGA, *Ce que le Gabon doit savoir pour entrer dans sa destinée prophétique*, 2012.
Marcel YABILI, *Le géant d'Afrique, le géant d'Asie. Histoire d'un combat méconnu*, 2012.
Victor Prudent TOPANOU, *Boni Yayi ou le grand malentendu. Le quatrième président du renouveau démocratique béninois*, 2012.
Pierre SARR, *Quel Sénégal pour demain ? Des idées et du bon sens pour une nouvelle donne*, 2012.
Mark BLAISSE, *Reconstitution du complot international contre la Guinée-Equatoriale. Riche, trahi et oublié*, 2012.
Fulbert Sassou ATTISSO, *Le Togo sous la dynastie des Gnassingbé*, 2012.
Nathanaël ALEYETI KABWA, *Bâtir le Congo*, 2012.
Zachée BETCHE, *L'invention de l'homme noir. Une critique de la modernité*, 2012.
Florent SENE, *Raids dans la Sahara central (Tchad, Libye, 1941-1987)*, 2012.
Armand TENESSO, *L'Afrique dans un maelstrom*, 2012.
François MONGUMU EBOUTA, *Omar Bongo Ondimba, le secret d'un pouvoir pacificateur*, 2012.
Patrick ATOUDA BELAYA, *Cinquante ans après les indépendances, quel héritage pour la jeunesse africaine ?*, 2012
Ernest Nguong MOUSSAVOU, *Françafrique. Ces monstres qui nous gouvernent*, 2012.

Cyrille MBIAGA

Cameroun, le temps des incertitudes

Espace de risque et dynamique de populations

L'Harmattan

© L'HARMATTAN, 2013
5-7, rue de l'École-Polytechnique ; 75005 Paris
http://www.librairieharmattan.com
diffusion.harmattan@wanadoo.fr
harmattan1@wanadoo.fr
ISBN : 978-2-296-99825-4
EAN : 9782296998254

AVANT-PROPOS

Pour bien comprendre la situation dans laquelle le Cameroun se trouve aujourd'hui, il m'apparait nécessaire de décrire les faits sociaux en les situant dans le temps, et en partant des années de l'indépendance. L'évolution du Cameroun est marquée par différents moments de grandes transformations à travers lesquelles le pays a connu ou s'est exposé à des **situations de risques**. Ces situations l'ont plus ou moins éloigné du sentier de développement. Le retard pris est considérable, un réel paradoxe dans un pays riche à la fois en ressources naturelles et humaines. Sans vouloir donner une théorie d'ensemble à une transformation encore en œuvre, je mets en situation les données de plusieurs natures, celles qui sont disponibles, et parmi les plus fiables qui concernent le Cameroun ; je décris les marqueurs sociaux du bien être, relève les différents facteurs principaux favorables au bien être et à l'épanouissement du Camerounais en tant qu'individu. Je tente ensuite de faire une évaluation provisoire des effets de l'interaction entre les marqueurs sociaux et les facteurs de bien-être dans les secteurs de la vie sociale au Cameroun. Cette évaluation est menée sur la base des séries de données distribuées dans le temps, depuis 1960 jusqu'au milieu de l'année 2012. Mes interprétations se font sur les résultats issus de traitements qui ont pour fondement les modèles de mathématiques quantitatives exploratoires. Elles sont volontairement ouvertes afin d'autoriser plus tard des moyens d'actualisation, de prolongement ou de correction si possible. Les techniques mathématiques mobilisées sont décrites en annexes de ce livre afin de donner une ouverture supplémentaire en direction des étudiants, des enseignants et des chercheurs des pays du sud.

Après cette évaluation, je replace la réalité camerounaise dans une dynamique d'ensemble, où les différentes phases d'évolution et de transformation, décrivent les rythmes et les croissances. Elles font apparaître les moments de transition, soulèvent des interrogations et remettent en cause un certain nombre de choix. Cette réalité fait surgir des difficultés inattendues, mais fondamentales pour comprendre les **incertitudes du temps** que nous vivons ou que nous allons encore vivre.

Le changement survenu en 1982 a vu naître au Cameroun et dès 1984, un vent de libéralisme dit *'communautaire'*. Au niveau supérieur de la gestion des affaires de l'Etat, les plans quinquennaux disparaissaient au profit d'une certaine gestion considérée comme pragmatique par ceux qui exercent le pouvoir. En tout cas, l'avenir semblait ouvert pour de nombreux Camerounais soucieux de rattraper le retard de développement[1] pris depuis l'indépendance. Il faut dire ici qu'une analyse comparée du produit national brut par tête d'habitant semblait déjà situer le Cameroun dès 1950, au même niveau de développement que certains pays émergents d'aujourd'hui. Mais très vite, les Camerounais ont déchanté lorsque la crise des années 90 s'est installée. Cette crise est devenue violente du fait de la dévaluation du franc CFA en 1994, une violence qui s'est aggravée suite à des réductions successives des niveaux de salaires. Bien que l'étendue de la crise fût celle des pays d'Afrique francophone particulièrement concernés par la dévaluation, l'impact de la crise au Cameroun fut spécifique. Il le fut tellement que c'est de façon durable que la crise s'est installée dans le pays. Le pouvoir en place n'a pas été capable d'imaginer des bons scénarii de sortie rapide de crise. Prisonnier du Fond Monétaire International (FMI), le Cameroun est resté suspendu aux conditions d'éligibilité aux dispositifs PPTE (Pays Pauvres Très Endettés).

---

[1] J'entends ici par développement, la possibilité d'offrir aux femmes et aux hommes l'éventail de larges possibilités devant bouleverser positivement leurs situations sociales, leurs libertés sociales et civiques, leur santé, leur éducation. Bref, le développement renvoie au progrès humain.

Pendant toute la période de cette longue crise encore inachevée, une grande transformation s'est opérée sur la façon dont les Camerounais se représentent l'avenir. Nous ne sommes vraisemblablement pas à la veille d'une grande révolution, et la société camerounaise est sans aucun doute différente de celle de la période 1950-1970, pendant laquelle l'hégémonie du parti unique UNC (Union Nationale du Cameroun) pesait sur les libertés et les opinions des individus, empêchait toute velléité de soulèvement et étouffait toute espérance. Aujourd'hui, les Camerounais vivent l'expérience du multipartisme, connaissent la liberté d'opinion et de la presse, mais leur situation sociale ne s'est jamais autant dégradée. Ils sont en train de perdre leur lendemain. Ils ne peuvent plus se représenter l'avenir parce qu'ils n'ont pas la main sur lui.

L'avenir se lit sous les signes du bien-être social et du progrès social ; ceux-ci sont des conséquences du développement économique et de l'amélioration des conditions sociales – du niveau de vie, tous inscrits dans une dynamique de progrès. Chaque Camerounais qui croit au progrès social sait qu'avec le temps, sa situation va changer positivement. Mais le progrès social prend corps dans les projets concrets que les Camerounais mettent en place tous les jours dans un environnement qui devrait leur offrir un éventail de possibilités.

Combien sont les Camerounais qui pensent aujourd'hui que demain sera meilleur ?

Changement, transition, évolution, transformation, maturation et accélération évoquent le rythme de croissance, les moments de ruptures évoquent la crise. Des facteurs conjoncturels apparaissent comme des déterminants explicatifs de ces moments de ruptures (prix de matières premières, café, cacao, pétrole – dévaluation – changement de politique etc.). Mais en réalité, les facteurs conjoncturels sont par définition passagers.

Pouvons-nous réellement affirmer que les changements survenus soient passagers ?

Non, je ne le pense pas. Le Cameroun est en crise depuis son indépendance. C'est pourquoi il me semble pertinent de revisiter le modèle économique et social qui a prévalu pour sa gouvernance et de s'interroger. Nous sommes indiscutablement dans l'amorce de la phase de changement de régime de gouvernance. Cette phase selon toute vraisemblance, devrait durer jusqu'en 2017. Dans la durée, une construction intellectuelle est nécessaire. Elle doit donner lieu à des débats démocratiques continus, populaires et 'palabrés'. D'ici là des compositions et recompositions politiques sont à susciter.

Dans les chapitres qui suivent, je mets en situation les données de nature démographique, socio-économique, épidémiologique, et les données d'éducation et de formation. Mises en perspective dans le temps et l'espace, les résultats du traitement de ces données établissent une macroscopie du Cameroun dans son fonctionnement. Cette macroscopie suggère de considérer les défis et les enjeux de développement autour des questions où l'individu en tant que humain est particulièrement concerné. Ces questions renvoient aux notions de **besoins essentiels**, de **progrès social**, et de **retard de développement**.

L'exploitation de ces questions centrées autour de ces trois notions fondamentales, appelle à revoir notre modèle de gouvernance, elle propose des pistes pouvant permettre au Cameroun de réduire son écart de développement, elle suggère un modèle où le lien avec l'autre, logé à la même enseigne que soi, rétablit la justice sociale. Un modèle de gouvernance à considérer pour les années qui viennent si nous voulons que nos enfants puissent connaître l'émergence attendue en 2035.

INTRODUCTION

Une démarche d'humanisation

Depuis 50 ans, le Cameroun s'est durablement installé dans une crise qui a conduit à l'émergence de grandes injustices : injustices dans la répartition des richesses, des abus dans les privilèges de minorités bourgeoises, des gaspillages et profits de tout genre, corruption galopante, émergence et diffusion de pandémies, recrudescence de la misère et des inégalités. La conjugaison et la combinaison de ces grandes injustices traduisent la grande difficulté d'organisation et du pilotage du Cameroun perçu comme une réalité complexe.

Le rôle des gouvernants consiste à lutter contre les injustices, les abus, les risques, les menaces ; il consiste aussi à réduire les incertitudes que génère la réalité complexe du Cameroun. Pour y arriver, nous avons besoin d'humanisation.

Humaniser le Cameroun, c'est penser la vie dans ce pays en engageant une réflexion sur la vie que les Camerounais veulent vivre. Cette réflexion propose d'analyser les faits sociaux, et de faire suivre cette analyse d'une critique de la société actuelle, au sens théorique d'abord, et au sens pratico-pratique ensuite.

Dans ce livre, je décris les facteurs qui caractérisent les aspects socio-démographiques, socio-économiques et éco-épidémiologiques de la vie dans le Cameroun d'aujourd'hui. Parmi ces facteurs, je relève les déterminants remarquables qui peuvent favoriser ou, au contraire, entraver le développement dans sa marche vers l'humanisation du pays.

La population du Cameroun croît, c'est un phénomène mondial. Le paysage géographique se transforme parce que des villes et des villages subissent des distorsions et des pressions démographiques de plus en plus fortes. Cet essor agit sur l'humain, le Camerounais vit dans un milieu qui change de visage et qui n'est plus à sa mesure. Les besoins socio-économiques de plus en plus élevés, impactent sur l'équation de la taille de la population, des activités économiques et du bien être social. L'introduction et la diffusion des maladies affectent l'équilibre de l'équation qui précède, et traduit pour chaque Camerounais une violence permanente. Les limites du système d'éducation et de formation ajoutent de la difficulté à la difficulté associée au problème de développement humain. Les temps de transitions démographiques et de transitions épidémiologiques que nous traversons, les adaptations du système d'éducation et de formation qui nous échappent et les phases d'accélération économique que nous subissons traduisent et dessinent la trame des éléments à considérer dans le système[2] camerounais. C'est-à-dire des éléments de risques et de menaces qui rendent l'avenir incertain.

On en vient au problème de la gouvernance du Cameroun. Gouverner c'est réduire les risques et les incertitudes, gouverner c'est renforcer la démocratie autant que possible tout en assurant la prospérité économique et la cohésion sociale. Gouverner c'est privilégier une société plus juste, plus humaine.

---

[2] J'entends ici par système, une réalité complexe.

Chapitre 1 : Situation géographique et données socio-démographiques

1.1 - Situation géographique et organisation administrative

Le Cameroun est situé en Afrique centrale dans la région du golfe de Guinée. Son territoire s'étire sur le 11° de latitude entre le 2° et le 13° de latitude nord et le 8° et le 16° de longitude Est. De forme triangulaire, son territoire couvre près de 466 050 Km2. Sa hauteur mesure environ 1300 Km et sa base 700 Km. Le pays est entouré par le Nigéria, le Tchad, la Guinée Equatoriale, la République Centrafricaine, le Congo[3] et le Gabon.

Le milieu physique du Cameroun est très diversifié. On y rencontre des plateaux étagés, des grands massifs volcaniques, des bassins et des plaines. L'ossature de la structure de son sol repose pour l'essentiel sur un socle cristallin. Dans la partie Nord du pays, son relief contrasté oppose des basses terres qui bordent le Tchad et qui s'étirent sur les monts Mandara ; au Centre, s'étend un vaste plateau d'altitude moyenne ayant des origines volcaniques ; au Sud-ouest, les plaines côtières et des bas plateaux dominent ; à l'Ouest, on retrouve les hautes terres volcaniques d'où culmine le mont Cameroun à 4095 m.

Sur le plan climatique, une saison sèche et une saison des pluies dominent au Nord du 8è parallèle tandis qu'au Sud du 8è parallèle, le régime subéquatorial humide et chaud se distingue avec quatre saisons dont deux sèches et deux humides.

---

[3] Congo Brazzaville

L'hydrographie apparait fortement influencée par le régime climatique. Les grands fleuves se retrouvent souvent dans la partie Sud du pays[4] D'autres fleuves d'importance moyenne se distinguent ailleurs, notamment dans la partie Nord du pays[5].

La végétation s'impose comme une mosaïque qui se dégrade au fur et à mesure que l'on passe d'une aire géographique à une autre. Deux types de paysages découlant de cette dégradation apparaissent dominants. D'une part, le paysage qui matérialise le passage de la forêt équatoriale du Sud à la steppe au Nord ; et d'autre part, le paysage plus excentrique qui distingue le Sud du Littoral occupé par la mangrove, des hautes terres de l'Ouest où se manifeste une forêt claire.

Sur le plan de l'organisation administrative, le territoire camerounais compte dix régions gérées chacune par une administration décentralisée de l'Etat. L'administration décentralisée s'exerce au niveau du chef lieu de région. Le gouverneur régional et le conseil régional assurent localement la représentation de l'Etat. Chaque région est divisée en départements, et chaque département est subdivisé en arrondissements (Tableau 1). Les 58 départements et les 361 arrondissements qui composent le Cameroun sont administrés à partir des chefs lieux de localité, et apparaissent inégalement répartis selon les régions. D'autres subdivisions interviennent aux échelles inférieures et renvoient aux municipalités et aux chefferies. Chaque département est dirigé par un préfet nommé par décret du président de la république et placé sous l'autorité hiérarchique du gouverneur de région.

---

[4] Sanaga, Wouri, Nyong;...
[5] Bénoué, Logone

Tableau 1 : Organisation administrative du Cameroun

Régions	Chef lieu	Nombre de Départements	Nombre d'arrondissements
Extrême-Nord	Maroua	6	47
Nord	Garoua	4	21
Adamaoua	Ngaoundéré	5	21
Est	Bertoua	4	33
Centre	Yaoundé	10	70
Sud	Ebolowa	4	29
Littoral	Douala	4	35
Ouest	Bafoussam	8	40
Nord-Ouest	Bamenda	7	34
Sud-Ouest	Buéa	6	31
	Total	**58**	**361**

Pour chaque région, le conseil régional constitue l'organe exécutif. Il est composé de délégués de départements élus au suffrage universel indirect, et de représentants du commandement traditionnel élus par leurs pairs. Au niveau de la gestion des affaires locales, les communes sont gérées par les maires avec l'appui des conseillers municipaux élus au suffrage universel. On distingue les communes urbaines des communes rurales. Mais on peut noter qu'au Cameroun, la Communauté Urbaine est placée sous l'autorité d'un délégué du gouvernement nommé par décret du président de la république, et disposant d'un réel pouvoir de décision. Ce dispositif particulier traduit la complexité de la gestion de la démocratie au Cameroun. Il interroge sur la réalité de la volonté politique du pouvoir en place de faire vivre la démocratie dans le pays. En effet, si les citoyens élisent des maires et des conseillers municipaux, c'est surtout pour que ces derniers assurent par leurs actions de proximités la gestion des affaires locales en vue du développement économique, social et culturel de leurs concitoyens.

1.2 – Démographie

1.2.1 - Distribution de la population dans le temps

La structure démographique de la population camerounaise n'est pas la même en 1976 et en 2012 (*les données de 2012 sont calculées selon la méthode des intérêts composés décrites en annexes de ce livre*). La première date est un référentiel d'analyse nécessaire car le premier recensement démographique au Cameroun a eu lieu en 1976. D'après le tableau 2 ci-dessous, pour 1976, le sexe-ratio (F/M) supérieur à 1 montre que les femmes sont plus nombreuses que les hommes ; cependant, les données des années qui suivent celles de l'année de référence nuancent ce constat et semblent indiquer qu'avec le temps, les Camerounais apparaissent également représentés selon le sexe.

Tableau 2 : Evolution selon le sexe de la population

Année	**M**	**F**	**Total**
1976	3 754 991	3 908 255	7 663 246
1987	5 173 372	5 320 283	10 493 655
2005	8 632 036	8 831 800	17 463 836
2010	9 599 224	9 806 876	19 406 100
2012	10 104 873	10 323 463	20 428 336

Selon le Bureau Central des Recensements et des Etudes de la Population (BUCREP), le Cameroun comptait en 2005 17.463.836 habitants parmi lesquels

8.831.800 étaient de sexe féminin et 8.632.036 de sexe masculin. Soit un ratio F/M de 1,023.

1.2.2 - La pyramide des âges

De 2005 à 2012, la population du Cameroun s'est accrue à un rythme de 2,6 p.100 en moyenne par an. Notons toutefois que le niveau de ce taux est en baisse de 0,2 points par rapport à la période qui précède 2005. La population du Cameroun compte aujourd'hui 20.428.336 d'habitants, parmi lesquels 44 p. 100 a moins de 15 ans et environ 6 p. 100 seulement de cette population a plus de 60 ans. La pyramide des âges montre que dans l'ensemble, la population est jeune, elle renvoie également à la présence d'une grande fécondité dans le pays. On note par ailleurs que la mortalité y est toute aussi grande.

La représentation de ces deux classes d'âges extrêmes de la population générale, semble varier selon que le lieu de résidence de la population concerne le milieu rural ou le milieu urbain. On peut ainsi relever que le poids de la population âgée de moins de 15 ans est de 39 p. 100 en milieu urbain et s'élève à 48 p. 100 en milieu rural. Par ailleurs, les personnes âgées de 60 ans et au-delà représentent 6,5 p. 100 de la population rurale et 3,4 p. 100 de la population urbaine.

Entre les deux classes d'âges extrêmes, il m'apparaît significatif de retenir sur le plan statistique deux classes de population active. D'une part, une population âgée de 15 à 34 ans, et une autre population âgée de 35 à 59 ans.

Dans la période, les deux grandes principales villes du pays qui sont Douala et Yaoundé ont vu leur population progresser de façon géométrique. Ces deux villes comptent chacune environ deux millions d'habitants. Corrélativement, le nombre de villes dont la taille de la population dépasse 100.000 habitants a doublé dans la même période et le taux d'urbanisation est passé de 37,9 p. 100 à 48,8 p. 100 de 1987 à 2005.

1.2.3 - Répartition spatiale de la population

Les 10 régions qui représentent le Cameroun sont inégalement peuplées (Tableau 3). Les taux de peuplement de l'Est et du Sud sont inférieurs à 5 p. 100, soit respectivement 4,13 p. 100 et 3,57 p. 100. Les régions de l'Extrême-Nord et du Centre apparaissent parmi les territoires les plus peuplés. Leur taux de peuplement varie entre 17,93 p. 100 et 18,17 p. 100. Ces deux régions sont talonnées par la région du littoral dont le taux s'élève à 14,77 p. 100.

Tableau 3 : Répartition de la population selon les 10 régions en 2012

REGION	M	F	Pop totale	Superficie (km2)	densité (hbts/km2)
Adamaoua	527 286	541 834	**1 069 121**	63 701	16,8
Centre	1 863 898	1 847 484	**3 711 382**	68 953	53,8
Est	421 641	422 572	**844 212**	109 002	7,7
Extrême-Nord	1 812 907	1 850 841	**3 663 748**	34 263	106,9
Littoral	1 509 458	1 507 295	**3 016 754**	20 248	149,0
Nord	1 070 105	1 088 122	**2 158 227**	66 090	32,7
Nord-Ouest	907 690	992 069	**1 899 759**	17 300	109,8
Ouest	883 432	995 895	**1 879 327**	13 892	135,3
Sud	371 467	357 134	**728 601**	47 191	15,4
Sud-Ouest	736 988	720 217	**1 457 205**	25 410	57,3
Cameroun	**10 104 873**	**10 323 463**	**20 428 336**	**466 050**	**43,8**

Le rapport qui s'établit entre la population et la superficie de la région de résidence attire l'attention d'une part, sur une forte pression démographique dans les régions du Littoral et de l'Ouest ; et d'autre part, sur le désert démographique de la région de l'Est.

Le peuplement de la région du Centre renvoie à la position de Yaoundé, capitale administrative ; et le peuplement du Littoral renvoie à la position de Douala, capitale économique.

1.3 -Fécondité et Natalité

Les données les plus fiables sur la fécondité au Cameroun existent depuis l'Enquête Nationale de Fécondité (ENF) réalisée en 1978. Ces données ont été enrichies par celles issues du recensement de la population de 1987, puis par celles de l'Enquête Démographique et de Santé du Cameroun (EDSC) de 1991, et enfin par celles qui viennent de la récente enquête sur la population de 2010.

Selon la distribution de l'indice synthétique de fécondité[6] au Cameroun depuis 1987, on observe qu'avec le temps, le nombre moyen d'enfants par femme varie selon le milieu de résidence (urbain / rural) et selon le niveau d'instruction. Entre 1988 et 1991, le nombre moyen d'enfants par femmes s'élevait globalement à 5,8 et pouvait atteindre le niveau de 6,3 enfants par femme en milieu rural contre 5,2 en milieu urbain. Les villes de Yaoundé et de Douala se distinguent par leur faible niveau, soit 4,4 enfants par femme. De même globalement, les femmes ayant fait des études secondaires et supérieures apparaissent avoir 4,5 enfants

[6] L'indice synthétique de fécondité est un indicateur qui représente le nombre moyen d'enfants qu'aurait une génération de femmes à la fin de sa vie féconde compte tenu des conditions de fécondité du moment.

contre 6,2 enfants pour les femmes n'ayant pas fait d'études.

L'indice synthétique de fécondité au Cameroun est passé de 6,4 enfants en moyenne par femme en 1978 à moins de 5 enfants par femme aujourd'hui. Cette baisse varie selon les tranches d'âge et elle est particulièrement remarquable parmi les femmes âgées de 40 à 49 ans[7]. On note également une disparité spatiale de cette baisse. La baisse étant plus forte en milieu urbain qu'en milieu rural.

Certains déterminants explicatifs de la fécondité sont à prendre en compte dans la baisse observée. Ils renvoient à la stérilité, à l'âge d'entrée en union, à l'intervalle de naissance, au contrôle volontaire de fécondité et à la contraception.

1.4 - Espérance de vie et Mortalité

En raison des incidences marquées de certains facteurs dépendant du lieu sur la mortalité, il est admis au Cameroun que la mortalité se caractérise par sa grande hétérogénéité géographique. Il est également reconnu que si le taux brut de mortalité est influencé par la structure en âge de la population, au contraire, le taux de mortalité infantile et l'espérance de vie ne le sont pas. Toutefois, et globalement, la mortalité est en baisse continue dans le pays depuis 1960. Ce taux qui s'élevait à 25 pour 1000 en 1964 s'est établit à 20 pour 1000 en 1976, puis à 11,66 pour 1000 aujourd'hui.

L'espérance de vie à la naissance qui était de 37,5 ans en 1964 est passée à 47 ans en 1980, puis à 58 ans en 1995. Depuis cette dernière date, on assiste à une

---

[7] On note une baisse de plus de 40 % dans cette catégorie de la population.

tendance à la baisse : 54 ans en 2002, puis de 51 ans en 2010 et enfin 54,7 ans en 2012.

1.5 - Les Migrations

Selon l'Organisation Internationale pour les Migrations, les flux migratoires au Cameroun se traduisent, d'une part, par un mouvement général des campagnes vers les villes et, d'autre part, par une tendance à l'émigration vers l'Europe, et en particulier vers la France.

les chiffres de la division de la population des Nations Unies semblent indiquer que sur la période 1995-2000, le taux net de migration (pour 1000 personnes) était nul, qu'il était de -0,1 sur la période 2000-2005 et pour la période 2005-2010 il s'élevait à -0,2. Pour la période 2010-2015 ce taux est estimé[8] à -0,1, ce qui montre que globalement, la migration paraît relativement équilibrée.

Sur l'immigration au Cameroun, la période 1970-1980 est celle où le pays a connu une augmentation[9] régulière du nombre de ses immigrants. Ce nombre est depuis cette période en constante diminution. Le nombre d'immigrants qui s'élevait à 228 383 personnes en 2000 est passé à 211 880 en 2005, puis à 196 570 personnes en 2010. Des estimations indiquent pour 2012, un nombre en dessous de celui de 2010[10]. Le Cameroun semble donc perdre progressivement de son attractivité. Toutefois, le Cameroun est une destination privilégiée pour de nombreuses personnes fuyant les guerres dans leur pays d'origine ou de résidence. Ces personnes viennent principalement des pays limitrophes[11]. Le nombre total

---

[8] Rapport 2008 de la Division de la Population des Nations Unies (DPNU).

[9] 143 611 immigrants en 1976 et 257 689 en 1987

[10] Rapport DPNU, 2009.

[11] Les réfugiés présents au Cameroun en 2006 et 2007 étaient principalement originaires du Tchad (40500), de la République centrafricaine (24 000) et du Nigeria (3 000).

des réfugiés et demandeurs d'asile est en constante évolution[12] depuis 2006. Une variation dans le temps qui s'explique par la situation des conflits au Tchad et en République Centrafricaine.

Les données nettes du nombre d'émigrés camerounais demeurent encore très mal connues aujourd'hui. On sait toutefois qu'en 2007 le nombre d'émigrés recensés était de 170 363. La France apparaissant comme le pays privilégié de destination des migrants camerounais[13].

[12] 71 200 individus en 2007, contre 58 800 en 2006 (USCRI, 2008 ; Ndione et Pabanel, 2007), puis en 2008, 81 037 réfugiés et 2 231 demandeurs d'asile selon les données du Haut Commissariat des Nations Unies pour les réfugiés (HCR, 2009).

[13] France (38 530), suivi par le Gabon (30 216), le Nigeria (16 980) et les Etats-Unis (12 835)(DRC, 2007).

Conclusion

De par sa position géographique qui l'ouvre sur la mer, le Cameroun est un pays stratégique pour les pays qui l'entourent. Les conditions écologiques qui lui sont offertes lui donnent des atouts considérables et enrichissent son potentiel naturel. L'organisation spatiale de son territoire en dix régions intégrées, confère à l'administration centrale, les moyens d'une gestion décentralisée du pays. La population du Cameroun est diversifiée et se compose de plus de 200 ethnies parlant autant de langues. Selon le genre, les femmes et les hommes apparaissent également répartis, avec un relatif avantage pour les femmes. Depuis son indépendance survenue en 1960, la population du Cameroun croît à raison géométrique, selon un rythme d'accroissement naturel qui s'établit aujourd'hui au niveau de 2,6 par an environ. L'espérance de vie à la naissance s'élève à 54,7 ans en 2012. Malgré une baisse dans le temps, le taux de mortalité demeure toujours à un niveau parmi les plus élevé en Afrique ainsi que le taux de natalité. Des disparités dans la répartition des taux distinguent les zones rurales des zones urbaines. Aujourd'hui, le Cameroun attire peu d'immigrés, sauf des réfugiés fuyant les troubles dans les pays voisins. En revanche, le nombre de Camerounais qui émigrent vers l'Europe est en constante évolution.

Chapitre 2 : Les données socio-économiques

Dans ce chapitre consacré aux données socio-économiques du Cameroun, nous traiterons des activités de production qui jouent un rôle essentiel dans le développement global du pays. Il s'agit particulièrement des activités qui génèrent de la croissance, et dont les retombées permettent de moderniser les techniques de production et surtout d'améliorer les revenus des producteurs. Ces activités qui sont les principales sources de revenu pour les producteurs jouent par ailleurs un rôle central dans l'économie régionale en raison des nombreuses activités qu'elles engendrent.

Les principales activités seront traitées et d'autres seront évoquées dans des tableaux de synthèse. Elles ne sont pas exhaustives, mais elles jouent un rôle important dans l'économie nationale.

2.1- Les productions agricoles et pastorales

Les principales productions agricoles sont à ranger dans deux catégories qui renvoient d'une part aux cultures dites d'exportation (le cacao, le café, le palmier à huile, etc.), et d'autres part aux cultures vivrières (banane plantain, céréales, tubercules et légumes divers). A ces deux catégories, nous associons une troisième catégorie dite de productions végétales et pastorales.

La combinaison de ces trois types de productions, nous permettrons par la suite de raisonner sous l'angle de filières de production afin de structurer notre présentation et la rendre lisible. Reconnaissons déjà qu'au Cameroun, les filières industrielles et/ou d'exportation sont assez bien structurées, et qu'au contraire, les cultures vivrières et les productions animales se sont développées de manière anarchique. Seule la commercialisation de viande bovine apparait plus ou moins structurée.

2.1.1 - Filière cacao

Durant la période 1949 – 1971 la production de la filière cacao progressait selon un rythme de 3,9 p. 100 par an. Depuis cette période, le rythme de production a baissé et oscille désormais autour d'une croissance moyenne d'environ 2 p. 100 par an.

La production nationale a plafonné jusqu'en 2006 autour de 130 000 tonnes par an, un niveau de production qui sur le moment, correspondait au seuil acceptable de l'état du verger et des pratiques culturales dans le pays. Cette production a ensuite évolué à hauteur de 180 000 tonnes en 2008 à la suite de la mise en place d'une politique des traitements phytosanitaires dans le bassin du Centre, d'une intensification de la production dans le Sud-ouest, dans les fronts pionniers du Mbam, et du concours du climat redevenu stable. La production nationale a augmenté en 2012, elle dépasserait les 200 000 tonnes.

Selon les régions géographiques, l'analyse du rendement de la production fait apparaître une disparité des zones de productions selon le système en place. Ainsi, dans les régions du Sud et du Centre où le système extensif domine, les rendements sont de 200 kg par ha; dans les fronts pionniers du Mbam les systèmes semi-intensifs font apparaître des rendements de 450 kg/ha ; enfin, dans la région du Sud-Ouest dominée par les systèmes intensifs le rendement est d'environ 650 kg/ha.

Les régions du Centre, du Sud-Ouest et du Sud représentent respectivement 50 p. 100, 30 p. 100 et 20 p. 100 de la production nationale. On note une croissance soutenue de la production du Sud-Ouest (+7 p. 100 par an) ; une production qui représente aujourd'hui environ le tiers de la production nationale contre à peu près 10 p. 100 dans les années 60. Cette croissance est due à une écologie favorable, à l'intensification des cultures et à la disponibilité de la main d'œuvre.

2.1.2 - Filière café

La filière café se décompose en deux sous filières dont l'une renvoie au café arabica et l'autre au café robusta. Le café robusta se cultive en basses altitudes alors que le café arabica se pratique dans les hautes altitudes.

La filière du café robusta reste concentrée dans les sites géographiques du « bassin du Moungo » où l'on produit 75 p. 100 de la production nationale. Un second bassin de production se trouve dans la région de l'Est: Dans l'ensemble, la superficie du verger est évaluée à près de 180.000 ha dont environ la moitié serait aujourd'hui âgée de plus de 30 ans.
La filière du café robusta est pratiquée par près de 215.000 petites exploitations dont le tiers est également situé dans le « bassin du Moungo ». 16 p. 100 de la production de la filière est réalisé à l'Est du Cameroun.

Dans les deux grands bassins de production, les modes de gestion sont très différents, et le rendement moyen a considérablement baissé depuis les années 80 où l'on est passé de 500 - 600 kg par ha à 300-400 kg par ha actuellement. A l'Est du pays où il existe une grande disponibilité foncière, la culture extensive domine, mais la main d'œuvre reste rare. Les rendements dans cette région sont faibles et sont de l'ordre de 200 à 250 kg/ha. A contrario, le « bassin du Moungo » subit certes une saturation foncière mais, enregistre des conditions agro-écologiques favorables. Il bénéficie d'un flux migratoire ancien et la culture pratiquée est intensive.

L'évolution de la production laisse apparaître trois tendances remarquables qui se caractérisent par :

- une période de forte croissance (+ 6,8 p. 100 par an.) qui va du lendemain de l'indépendance jusqu'en 1974/75, et qui renvoie particulièrement à l'extension des surfaces de cultures dans le bassin au Moungo ;
- une période de stagnation où la production est de 95.000 tonnes par an en moyenne pendant la décade des années 80, et offrant de fortes alternances inter annuelles de production dont le niveau est compris entre 75.000 et 120.000 tonnes par an ;
- une période de déclin amorcé depuis le début des années 90 et qui a connu une production moyenne autour de 65.000 tonnes par an pendant 10 ans. Ce niveau de production est ensuite descendu sous la barre de 50.000 tonnes par an en début 2000.

En 2012, la Cameroun semble retrouver son niveau de production des années 90, c'est à dire 65.000 tonnes par an, dont 55.000 de variétés arabica et 10.000 de variétés robusta.

2.1.3 - Filière palmier à huile

Cette filière est difficilement mesurable étant donné le double caractère que revêt la production du palmier à huile. D'une part une production dans un segment d'agro-industrie particulièrement contrôlable, et d'autre part une production dans un segment villageois en plein essor mais qui échappe à tout contrôle.

Globalement en 2010, le Cameroun a produit en 230.000 tonnes d'huile de palme brute sur une surface d'environ 190.000 ha selon les données du Ministère de l'Agriculture et du Développement Rural (MINADER).

La production d'huile de palme provient de trois types de plantations : les plantations agro-industrielles (58.860 ha produisant 120.000 t) ; les plantations villageoises encadrées (35.000 ha pour 30.000 t) ; et les plantations villageoises traditionnelles où près de 100.000 ha produisent environ 80.000 t d'huile de palme.
Les données structurelles de la filière font valoir qu'au Cameroun, la production du palmier à huile occupe une superficie de 61.000 ha avec des rendements moyens autour de 9T/ha, une production de 550.000 tonnes de régimes et environ 115.000 tonnes d'huile de palme brute (taux d'extraction 21p. 100).

Tableau 4 : Evolution estimée de la production d'huile de palme depuis 2003 (en tonnes)

	2003	**2004**	**2005**	**2006**	**2007**
Agroindustriels	116520	119390	127435	128854	131485
Plantations villageoises	52680	58680	64680	70680	76680
Total	**171203**	**180074**	**194120**	**201540**	**210172**
	2008	**2009**	**2010**	**2011**	**2012**
Agroindustriels	131485	135407	137320	138834	140348
Plantations villageoises	82680	87680	92680	97680	102680
Total	**216173**	**223087**	**230000**	**236514**	**243028**

- Le développement des plantations encadrées par les agro-industries se fait de la même manière que les plantations agro-industrielles c'est-à-dire qu'un verger de 12.500 ha, permet d'obtenir une production de 100.000 tonnes de régimes et 20.000 tonnes d'huile de palme brute (taux d'extraction 21p. 100).

- Les superficies des palmeraies villageoises s'accroissent de 10.000 ha/an depuis la fin des années 90 (sur la base de 30.000 ha en 2001). Le niveau des rendements est de l'ordre de 8 T/ha et les taux d'extraction d'huile sont de 18 p. 100,

2.1.4 - Filière banane

Deux types de productions dominent au sein de la filière banane au Cameroun. Une production orientée vers la consommation interne, pratiquée dans des exploitations de petites tailles et une production d'exportation concentrée dans la région du Sud-Ouest du pays et occupant un peu plus de 7.000 ha de superficies. Trois grandes entreprises sont concernées par la production d'exportation de la banane dans le pays : La Cameroon Development Corporation (CDC), la Société des Plantations du Haut Penja (PHP) et la Société des Plantations de Mbanga (SPM). Parmi les différents types de bananes produites, la banane plantin appartient à la classe des féculents et occupe une place particulière dans l'alimentation de la population. Elle connait déjà des opportunités commerciales aussi bien dans la sous région d'Afrique centrale que dans des niches de marché en Europe

Elle fait l'objet d'études[14] sérieuses de transformation, de substitution au riz et au blé importés et également de distribution pour lutter contre la pauvreté selon les objectifs du programme de reconversion économique de

[14] Une convention lie le gouvernement camerounais à l'Institut international de l'agriculture tropical (LIAT) dans la mise en œuvre des activités de la filière de transformation de la banane plantain. Par ailleurs l'expertise du Centre de coopération internationale en recherche agronomique pour le développement (CIRAD) est sollicitée pour renforcer l'encadrement technique du projet.

la filière banane plantain (PREBAP). Le Cameroun produit aujourd'hui plus de 1,3 millions de tonnes de banane plantin. L'objectif du programme vise à doubler cette production en 5 ans. La filière espère ainsi créer à partir des économies d'échelles, plus de 250.000 emplois.

Le potentiel de production dans la filière banane au Cameroun est évalué à 30 tonnes par an. Et pourtant, l'ensemble des rendements de production dans les exploitations familiales varie seulement entre 6 et 7 tonnes l'année. Ce qui ne va pas sans poser des problèmes sur le marché où doit être résolu l'équation de la faible productivité des exploitations et de la satisfaction de la demande des consommateurs.

Hors pétrole, la banane reste le deuxième produit d'exportation après le bois au Cameroun.

2.1.5 - Autres filières de productions

Filières	Productions	Potentiel économique	Politique
Riz	62 000 tonnes par an	20 000ha exploité dont 90% dans l'extrême-nord et 10% dans la vallée du Noun ; 74 000 petits agriculteurs ; Réserves foncières de 12 500 ha disponibles.	Encourager et multiplier les variétés de riz.
Bovine	Cheptel de 6.000.000 têtes de bétails. Evolution de 4,3%/an durant 1961 – 1990, puis de 2,2%, depuis 1990, pour une production nationale autour de 95.000 tonnes par an de viande et 189.300 tonnes de lait	Réparti comme suit : 37,5% dans l'Extrême nord (SEMRY), 33,9% dans l'Adamaoua, 11,6% dans le Nord, 8% dans le Nord-Ouest, 6,3% à l'Est et 2,7% à l'Ouest.	Mode d'élevage : sédentarisation 20% ; semi-transhumance 25%; transhumance dans 45 % et le nomadisme dans 10% du cheptel
Avicole	31.000.000 têtes pour 30.000 t. (viande) et 13.400 t. (œufs). Croissance en baisse 1961–1976 : 8,3% et 76 - 90 :5,9% ; depuis 1990 : 2,9%	Aviculture dans tout le territoire. Forme traditionnelle dans l'Extrême-Nord, Ouest le Nord-Ouest ; et Forme semi-intensive dans le Centre, de l'Ouest et du Littoral	

Autres filières de productions

Filières	Productions	Potentiel économique	Politique
Porcine	L'effectif du cheptel est estimé à 1.350.000 têtes ; La production nationale est de 32.000 t.par an de viande dont 15.700 t de caprins et 17.300 t d'ovins Le taux moyen de croissance annuelle est de 2,3%.	les grands centres de production sont situés dans les régions de l'Ouest, du Centre et du Littoral ;	De grands élevages industriels ont cédé leur place à de petites unités facilement contrôlables (diminution de risques)
Petits ruminants	Le cheptel est estimé à 8.200.000 têtes ; Le cheptel comprend les moutons et les chèvres.	Pratiqué sur tout le territoire. les régions de l'extrême-Nord et du Nord totalisent les trois quart du cheptel.	une organisation anarchique
Hévéa	60 000 tonnes par an	De petits planteurs villageois produisent 5% de la production nationale ; Des agro-industries produisent 95 %	

Autres filières de productions

Filières	Productions	Potentiel économique	Politique
Bois	300 espèces commercialisables ; 60 espèces régulièrement exploitées ; production de 2,45 millions de m3/an.	5 essences (Ayous,Sapelli, Azobe, Iroko Frake) pour 70% de la production totale ; La capacité maximale de transformation est de 2,8 millions de m3/an	La filière contribue à plus de 5 % du PIB. Economie de transformation
Coton	240.000t de coton-graine et quelque 125.000t de coton fibre. Croissance soutenue jusqu'à la crise de 2004. Forte baisse de la production qui passe de 500t/jour à 200t/jour.	Sa culture occupe une superficie d'environ 215 000 ha dans les régions septentrionales;	Ouverture du capital de la Sodecoton au privé. L'Etat cède 11% des parts

2.1.6 - L'importance des cultures vivrières

Les cultures vivrières développées au Cameroun sont très variées. Parmi celles-ci, les cultures de racines et tubercules occupent une place de choix dans l'alimentation, et concernent davantage le manioc, l'igname, la pomme de terre, le taro et autre patate douce. Une analyse comparée des résultats en termes de production fait valoir que dans ces dernières années, l'igname et la pomme de terre ne semblent pas avoir connu un développement particulier. Mais qu'en revanche, le manioc apparaît en très nette évolution.

D'autres développements de cultures vivrières renvoient aux céréales et aux légumineuses, et parmi les céréales, le maïs et le sorgho sont les plus consommés. Le maïs joue par ailleurs un rôle important dans le développement de l'élevage et de l'aviculture. Parmi les légumineuses, l'arachide et le haricot s'imposent également dans la consommation.

En effet, les cultures vivrières qui jusqu'ici étaient destinées à l'autoconsommation participent de plus en plus aux échanges qui ont lieu à l'intérieur du pays, dans la sous région et même sur le marché international. Elles mobilisent plus de 2/3 des actifs agricoles, et elles sont davantage pratiquées par les femmes et les jeunes. Servant en premier à l'alimentation de la famille, seul le surplus de production de cultures vivrières est destiné à la vente. Il arrive parfois que les cultures vivrières soient associées aux cultures industrielles, et dans ce cas, elles sont réalisées dans les zones propices offertes aux cultures d'exportation.

La séparation fonctionnelle entre cultures vivrières destinées à la consommation et cultures d'exportation destinées à la vente a évolué avec le développement des besoins en revenu monétaire. Le développement des villes et les accélérations sociales qui en découlent ont entraîné une forte demande. Ces transformations ont entraîné une augmentation des parts de la production vivrière destinée au marché. Avec le temps, ces parts sont de plus en plus élevées et les conséquences en termes de développement social sur le plan global méritent d'être relevées et étudiées à chaque échelle géographique où la ville et le village sont concernés, à chaque niveau social où les groupes de population sont confrontés à la question de la 'vérité' de prix sur le marché. On sait par exemple que la flambée du prix du manioc sur le marché de Yaoundé est souvent due à une pénurie de l'offre du manioc en raison d'un achat massif de celui-ci par les Gabonais venus d'un pays où l'écart de salaire avec le Cameroun est conséquent.

2.2 - Les principales productions naturelles et minières

Le Cameroun, de par sa géographie physique, détient des blocs de granite qui cachent des dépôts sédimentaires d'origine volcanique, et qui concentrent des minéraux de base et des matières précieuses à forte valeur économique. On y retrouve de l'or, sous diverses formes en concentrations alluviales et éluviales dans de nombreuses régions du pays, notamment à l'Est. Pour l'heure, l'extraction de l'or se fait surtout de manière artisanale et n'est pas encore industrialisée ; on retrouve également le diamant dans la région de l'Est du pays. Le pétrole est produit en mer et on sait cependant que les sédiments crétacés du Nord (Garoua) et du Sud-Ouest (Mamfé) sont des grands réservoirs de pétrole. La construction du pipe-line qui part du Tchad jusqu'à la côte camerounaise de Kribi a permis de mettre en valeur le fer de Kribi dans la région du Sud, soit plus de 300 mille tonnes de minerai dont 30 p. 100 sont déjà identifiées.

La bauxite se trouve en forte concentration dans l'Ouest du pays, notamment à Fongo-Tongo situé à 200 Km de Douala. Le disthène et la rutile existent également, et sont présents dans les dépôts alluviaux au sud du pays. L'étain foisonne en grande quantité à Mayo Darle près de la frontière avec le Nigéria. Il est exploité de façon sporadique. Le cobalt et le nickel sont particulièrement présents dans les réserves de latérite à Lomié à hauteur de 500 mille tonnes.

Mines	Productions	Potentiel de production	Exploitations
Pétrole	De 182.000 barils/jour au début, la production actuelle est de 90.000 barils	Champs pétrolifères en haute mer (offshore)	Depuis la fin des années 70 ; Ressources et utilisations financières mal connues
Diamant		zone frontalière avec la RCA (Ketté). Des indices dans la série du Dja (Mobilong) et des sites de Ketté, Boubara, Lom, Boumbe 2, Betare Oya, Yokadouma et Gari Gombo	Non exploité, sinon artisanalement ; Emplois envisagés : 4000 emplois directs
Or		140 cibles décelées dans les sites de Yokadouma, Lom, Mbéré, et le sillon de Mayo Rey.	

Mines	Productions	Potentiel de production	Exploitations
Gaz		Réserves en gaz de 157 milliards de m3 au large de Kribi pour un potentiel de 270-300 milliards de m3	
Cobalt/Nickel/ **Manganèse**	Prévues par an : 4160 t de cobalt/an ; 3280 t de nickel/an ; 45000 t de manganèse	Réserves de Kongo, Mang, Kondong et Messea estimés à 226 millions de tonnes	**Non exploités**

Mines	Productions	Potentiel de production	Exploitations
Bauxite		Minim Martap: réserves estimées à plus d'un milliard de tonnes à teneur moyenne de 41,3%d'alumine Ngaoundal: réserves estimées à 120 millions de t à teneur de 41-43% d'alumine Fongo Tongo: réserves estimées à 46 millions de t à teneur de 47% d'alumine	Emplois envisagés : 2500 à 3000 emplois directs
Fer		Sur 25 cibles deux grands gisements : Mamelles : Les réserves de fer sont estimées à 340 millions de tonnes à 35% d'oxyde de fer Mbalam : Les réserves de fer sont estimées à 220 millions de tonnes	Emplois envisagés : 3000 emplois directs

Mines	Productions	Potentiel de production	Exploitations
Uranium		Sites de Dja, de Bas-Nyong, au Sud Ouest Cameroun (Lolodorf), et dans la région de Kitongo près de Poli Réserves de 13 125 tonnes à Poli et 11 000 tonnes dans la région de Lolodorf	
Rutile		Le gisement d'Akonolinga a une capacité de 300 millions de tonnes à 0,9% de rutile	
Calcaire		De petits gisements à : Figuil, Minton, Mungo, Kompina, Logbadjeck, Bogongo, Mundemba	
Marbre	Production estimée à 5000 t par an.	Site de Biou-Bidzar près de Figuil au Nord du pays.	

Mines	Productions	Potentiel de production	Exploitations
Argile		Yaoundé 7,7 millions de tonnes à Etoug Ebe 2. Sanaga, Nanga-Eboko, Douala/Edéa, Ngodi, Koungue, Dizangue, Mbanga	
Pouzzolane		zones volcaniques du Sud-Ouest, de l'Ouest et du Nord-Ouest.	Exploitation à Djoungo (entre Douala et Nkongsamba),

Autres minerais	Productions	Potentiel de production	Exploitations
		Etain : gisement de Mayo Darlé. Son potentiel reste à définir. **Disthène:** Nyba à Edéa, Nanga-Eboko, Otélé, Akonolinga ; **Sable**: Sanaga, Obala, Akonolinga, Wouri, Bénoué ; Manoka; **Syénites**: Ebondja, Akongo , Lolodorf ; **Pierres**: Ntem, Yaoundé, Adamaoua	
		Saumures: Mamfe, bassins côtiers.	Etangs salins exploités artisanalement
		Saphir : Région de l'Adamaoua	

Le secteur minier présente encore des grandes zones d'activités non exploitées et le potentiel de production apparaît inestimable au regard de l'étendue des possibilités offertes. L'état des lieux du secteur apparaît donc nécessaire pour décrire non seulement le potentiel de production minière, mais aussi les possibilités de mise en place des industries extractives, de leurs évolutions possibles selon les phases d'identification des opérations à mener, d'identification des acteurs à associer et leur rôle. Dans ce domaine, et compte tenu des expériences acquises tout au long de la vie économique au Cameroun, il m'apparaît nécessaire de repenser une stratégie globale[15] associant les acteurs économiques où les petits exploitants et les grandes industries sont traités 'également' par le pouvoir public.

2.3 - Secteurs opérationnels de l'économie et indicateurs de croissance économique

Au Cameroun, le secteur primaire contribue à hauteur de 30 p. 100 dans la formation du PIB[16] et emploie environ 50 p. 100 de la population active[17]. Avant l'avènement du

[15] Il est reconnu qu'au Cameroun, le secteur économique de transformation est pratiquement détenu par des grandes industries ou de grands investisseurs étrangers détenteurs de capitaux. Une politique 'juste' d'organisation du secteur doit pouvoir encourager les petits exploitants ou investisseurs qui sont davantage des locaux.

[16] Le Produit Intérieur Brut (PIB) par tête d'habitant s'élève au Cameroun à: 650 336 FCFA.

[17] En 2003 le PIB s'élevait à 12.4 milliards de dollars US dont 44.5 p. 100 provenaient de la valeur ajoutée dans le secteur agricole. L'agriculture occupait 55 p. 100 de la population active.

commerce du pétrole dont le poids dans le PIB s'élève aujourd'hui à 7,4 p.100, l'agriculture était le pilier économique du pays. Le Cameroun reste l'un des principaux producteurs mondiaux de denrées alimentaires, mais aussi de tabac et de caoutchouc. La pêche et la sylviculture sont deux autres activités importantes du pays. De nombreuses ressources minérales du Cameroun restent encore inexploitées.

Le secteur secondaire contribue à environ 20 p. 100 du PIB. Il renvoie aux activités qui s'exercent dans les industries, notamment les agro-industries particulièrement concernées par la transformation des aliments, du bois ; par la fabrication des biens de consommation légers et le textile.

Le secteur tertiaire représente près de la moitié du PIB. Il profite de l'activité économique créée autour de grands projets énergétiques. Le secteur des services est en pleine croissance, poussé en particulier par l'essor des télécommunications et du trafic aérien.

En effet, la répartition des actifs selon le secteur d'activité donne une distribution selon laquelle l'agriculture emploie 61,3 p. 100 de cette population, l'industrie 9,1 p. 100 et les services 22,6 p. 100.

Globalement et concrètement, le taux de croissance du PIB en 2011 s'élevait à +4,7 p. 100 et le taux d'inflation pour la même année était de +2,9 p. 100. Même si les prévisions de croissance du PIB pour 2012 que l'on porte à +5,4 p. 100 se réalisaient, ce niveau[18] demeure encore insuffisant pour assurer un réel développement social des Camerounais.

---

[18] Sources: Administrations nationales, FMI et BEAC (Avril 2012)

2.3.1 - La production énergétique

Le Cameroun produit le pétrole et dispose du gaz en quantité abondante. Le pays est en outre favorisé par des conditions hydrologiques particulières qui font de lui l'un des plus grands potentiels hydroélectriques d'Afrique. Le Cameroun est aussi l'un des grands pays forestiers du continent. Ses multiples ressources variées le placent dans une situation d'autosuffisance énergétique.

Parmi ces ressources, le pétrole a déjà largement contribué au développement économique et social des Camerounais entre 1978 et 1985[19]. La crise pétrolière[20] qui intervient en 1986 va contribuer à dégrader la situation économique du pays tout en affectant particulièrement les équilibres financiers acquis[21]. Le PIB qui avait augmenté de + 7 p. 100 en 1986 amorce une chute brutale en 1987 (-4,2 p. 100) et en 1988 (-6 p. 100). Corrélativement, la consommation finale de produits pétroliers en constante progression depuis 1980 rentre dans sa phase de déclin à partir de 1985.

Face à ce déclin programmé, le Cameroun lance une politique d'exploration de nouveaux sites pétroliers et décide de diversifier ses sources d'énergie. Il s'en suivra des stratégies de la promotion du gaz naturel et du développement du potentiel hydroélectrique. Pour la promotion du gaz naturel, les gisements restés inexploités sont valorisés, et l'objectif à court terme étant celui de produire le butane et le propane. Pour l'énergie

---

[19] En fin de période où le niveau de production était le plus élevé, le Cameroun a produit 8,9 millions de tonnes et les exportations de pétrole et de produits pétroliers ont représenté 18 p. 100 du PIB et près de 53 p. 100 des exportations totales de la valeur des biens et services.

[20] Effondrement du prix du pétrole où le baril passe de 26$ en 1985 à 15$ en 1988.

[21] Entre 1985 et 1988, les exportations des biens et services baissent de 1328 milliards de FCFA à 613 milliards de FCFA, et les recettes totales de l'Etat passent de 911 milliards de FCFA à 532 milliards de FCA.

hydroélectrique, le plan de stratégie prévoit d'étendre le réseau électrique à toutes les régions, et d'en exporter si possible dans les pays voisins.
Les travaux prévoient la construction d'une centrale thermique de gaz à Kribi dotée d'une capacité de 150 MW, la réhabilitation des centrales hydroélectriques d'Edéa et de Song Loulou pour un gain de puissance de l'ordre de 30 MW, un barrage réservoir à Lom Pangar d'une capacité de 7 Hm3 avec une usine de pied de 50 MW permettant la desserte de la province de l'Est, des aménagements hydroélectriques à Nachtigal (280 MW), à Warak (75 MW), à Song Dong (280 MW) et à Memve'Elé (200 MW).

Des analyses issues des études visant à établir des liens entre la consommation d'énergie électrique et la croissance économique varient selon les modélisations et les variables intégrées. Dans l'ensemble, ces liens apparaissent robustes lorsque les secteurs de productions économiques concernent le secondaire et le tertiaire. S'agissant du secteur agricole, le lien entre la production et la consommation d'énergie électrique n'est pas toujours établi. On sait qu'au Cameroun, les activités agricoles telles qu'elles sont pratiquées, utilisent les moyens traditionnels de production qui ne consomment pas suffisamment d'énergie électrique. Les principales sources d'énergie étant constituées de dérivés du pétrole tels que l'essence et le gasoil.

Toutefois, l'analyse des déterminants économiques en termes de valeur ajoutée dans un secteur de production et leurs liens avec le niveau du PIB (indicateur de croissance) apparaît pertinente. C'est ainsi qu'au Cameroun, dans le secteur secondaire, la production ou valeur ajoutée du secteur industriel est la principale cause de la consommation d'énergie ; dans le secteur tertiaire cependant, c'est la consommation d'énergie qui apparaît être la principale cause de la production ou de la valeur ajoutée du secteur des services.

Aux termes de cette analyse, il me semble important de considérer que l'énergie puisse être placée au cœur de la problématique de développement. Les délestages intempestifs tels qu'ils sont courants aujourd'hui au Cameroun, du fait d'une demande globale supérieure à l'offre de l'électricité, ne permettent pas d'assurer la production dans des conditions optimales.

2.3.2 - L'appréciation de la monnaie franc CFA.

Le taux d'échange du franc CFA mis en rapport avec la monnaie de référence américaine USD permet de mesurer la capacité du Cameroun à échanger avec l'ensemble des pays du monde. La variation des taux est un indicateur pertinent d'analyse.

La dévaluation du franc CFA intervenue le 12 janvier 1994 a eu des conséquences plus ou moins appréciables pour la sous-région monétaire de la CEMAC[22] (effet d'agrégation). Ses effets sur la vie sociale au Cameroun ont négativement marqué les esprits.

Techniquement, une dévaluation est censée agir sur les prix, le revenu et l'emploi. Elle vise classiquement à établir l'équilibre de la balance commerciale. La dévaluation du franc CFA n'obéissait pas à cette logique classique, étant donné que de nombreux pays de la zone présentaient une balance commerciale positive (Cameroun, Gabon, Guinée Equatoriale, Congo). En réalité, cette dévaluation survenue, visait un autre objectif, celui de la réduction des finances publiques extérieures, objectif complété par l'introduction des financements privés.

En effet, une dévaluation doit favoriser les exportations devenues moins chères, et à contrario, freiner les importations trop chères en monnaies locales.

---

[22] Communauté Economique et Monétaire de l'Afrique Centrale.

La dévaluation a affecté la répartition des revenus dans le pays. Elle a favorisé une inégalité sociale au revenu monétaire, faisant des fonctionnaires les parents pauvres de cette mécanique. Elle est venue ajouter de la difficulté aux baisses des traitements nominaux déjà survenus en 1993. Des amputations (baisse des traitements nominaux et dévaluation) combinées, qui ont inéluctablement joué sur le développement du phénomène de la corruption. C'est parce que les fonctionnaires voulaient maintenir leur niveau de vie qu'ils se sont laissé aller à ce fléau.

Aujourd'hui, avec une population de plus de 20 millions d'habitants et une position géographique stratégique au bord du golfe de Guinée, qui en fait le débouché naturel pour les pays et régions enclavés d'Afrique centrale (Tchad, Centrafrique et Nord Congo), le Cameroun est incontestablement un pays influent de la Communauté Economique et Monétaire de l'Afrique Centrale.

L'exploitation des réserves maritimes de pétrole depuis le début des années 1970, avait fait du Cameroun l'une des nations les plus prospères d'Afrique tropicale, mais la mauvaise gestion économique, la corruption et la surévaluation de la devise ont, ces dernières années, mené le pays à la récession. Le solde du compte courant s'est dégradé, les déficits fiscaux se sont accrus et la dette extérieure a augmenté. Le gouvernement s'est engagé dans une série de réformes économiques soutenues par la Banque Mondiale et le FMI. Cependant, les ressources publiques du Cameroun sont toujours caractérisées par une forte dépendance vis-à-vis des recettes pétrolières. En outre, le Cameroun n'est pas encore capable d'attirer suffisamment d'investissements étrangers, à cause notamment d'infrastructures insuffisantes et d'un des plus hauts niveaux de corruption du monde.

La réalité de l'économie camerounaise peut se mesurer à partir des indicateurs de croissance qui sont le Produit

Intérieur Brut, l'endettement de l'Etat, le taux d'inflation et la balance des transactions selon leur distribution dans le temps. Leurs combinaisons donnent une idée de la capacité du pays à faire face aux enjeux de développement.

Graphique 1 : Les indicateurs de croissance (Données du FMI et de la banque mondiale corrigées et estimées (en%))

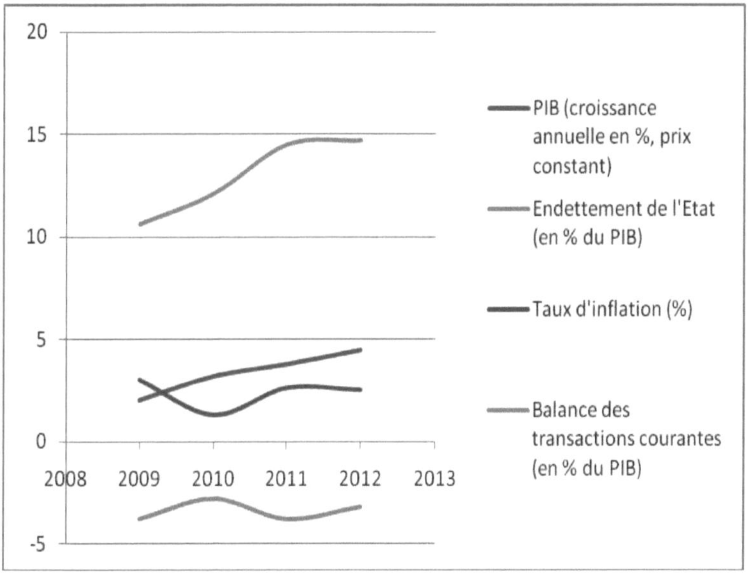

Selon les évolutions des indicateurs de croissance retenues, le niveau de distribution dans le temps de la balance des transactions courantes (Graphique 1) attire l'attention et soulève des questions sur la capacité du Cameroun à faire face de façon durable aux échanges avec l'extérieur. Ces interrogations pourraient renvoyer aux caractéristiques intrinsèques liées à la monnaie. Elles posent en particulier la question de savoir si les mécanismes de soutien au franc CFA sont toujours aussi efficaces, pour que sa volatilité reste dans les seuils supportables lors des échanges à l'heure de la mondialisation.

Selon un rapport du Conseil d'administration du Fonds monétaire international[23] (FMI), il est établi : - que le Cameroun est lourdement tributaire des produits de base pour ses recettes d'exportation et ses recettes budgétaires, et demeure donc vulnérable aux chocs exogènes ; - que la crise mondiale a ralenti le rythme de l'activité économique du pays, en raison essentiellement d'une baisse de la demande et des prix de certains de ses principaux produits d'exportation ; - que le taux de croissance du PIB réel a baissé – que malgré la faiblesse de l'incidence de l'impact de la crise sur les comptes extérieurs, le déficit extérieur courant s'est creusé d'environ 1 point de pourcentage du PIB et le solde extérieur global est resté positif.

[23] Rapport du 14 juillet 2010, des consultations au titre de l'article IV avec le Cameroun.

Conclusion

Selon les données socio-économiques disponibles sur le Cameroun, les activités des secteurs, primaire secondaire et tertiaire, jouent inégalement un rôle déterminant dans le développement global du pays. Dans le secteur primaire, les productions vivrières apparaissent très importantes dans l'autoconsommation et leurs surplus destinés à l'échange commencent à jouer un rôle économique et social appréciable pour les familles. Les activités minières sont l'apanage des grandes industries d'origines étrangères et les petits exploitants souvent d'origines camerounaises sont peu visibles sur le marché de la production. Le secteur secondaire reste dominé par des agro-industries dépendantes des produits du secteur primaire agricole ; et les industries d'extractions et de transformations de produits miniers sont inexistantes. Le secteur tertiaire est en grand essor du fait de l'introduction des nouvelles technologies, de l'internet etc. Mais le secteur secondaire et le secteur tertiaire apparaissent fortement dépendants des énergies électriques. Ainsi, dans le secteur secondaire, la production ou valeur ajoutée dans le domaine industriel apparait comme étant la principale cause de la consommation d'énergie électrique ; à contrario, dans le secteur tertiaire cependant, c'est la consommation d'énergie qui apparaît être la principale cause de la production ou de la valeur ajoutée du secteur des services. C'est donc dire combien une offre continue de l'énergie électrique dans toute l'étendue du territoire est cruciale pour assurer le développement partout où la vie économique est nécessaire.

De nombreux domaines de production du secteur primaire demeurent inexploités au regard de la variété des produits vivriers et miniers disponibles.

Potentiellement, ces domaines regorgent d'activités susceptibles de générer de la croissance, et dont les retombées devraient permettre de moderniser les techniques de production, d'améliorer les revenus des producteurs, et assurer le progrès social des populations.

Les échanges avec les pays extérieurs sont tributaires des mécanismes qui régissent ou assurent la parité du franc CFA avec la monnaie de référence américaine. Parmi ces mécanismes, d'autres dépendent des jeux politiques d'intérêts subtils qui échappent aux logiques du marché d'échange. Ils pourraient jouer sur la balance des transactions courantes.

Chapitre 3 : Education et formation

Au Cameroun, l'Etat assure à l'enfant le droit à l'instruction. L'organisation et le contrôle de l'enseignement à tous les degrés, sont des devoirs impérieux qui lui incombent. Le bilinguisme du français et de l'anglais sont consacrés par l'Etat comme étant le facteur d'unité et d'intégration nationale. L'éducation vise à former l'enfant en vue de son épanouissement intellectuel, physique, civique et moral, et de son insertion harmonieuse dans la société, en prenant en compte des facteurs économiques, socio-culturels, politiques et moraux.

3.1 - Les secteurs de l'éducation

Le système d'éducation camerounais comprend les secteurs, formel, non formel et informel. Le secteur formel est placé sous la tutelle de deux ministères qui sont le ministère de l'éducation nationale et le ministère de l'enseignement supérieur

L'enseignement pré-primaire[24] accueille pendant deux ans les enfants âgés de 4 ans.
La population théoriquement scolarisable dans l'enseignement primaire, est composée d'enfants âgés de 6 à 11 ans. Cet enseignement est obligatoire et il est organisé selon deux sous-systèmes dont l'un est anglophone, et l'autre francophone.
A la suite des enseignements pré-primaires et primaires, on distingue les enseignements secondaires et supérieurs dont l'une des missions est de former des individus pour leur permettre ensuite de s'insérer dans le monde du

[24] préscolaire ou maternel

travail. Aujourd'hui fatalement, le rapport du nombre de chômeurs avec celui du nombre des diplômés interroge sur la crise de l'enseignement au Cameroun.

3 .2 - Les données d'éducation et de formation

Les principaux piliers qui rendent un système d'éducation et de formation performant renvoient à :

- une éducation de base solide permettant d'acquérir un ensemble de connaissances élémentaires, et notamment celles qui consistent à savoir lire, écrire et compter, ainsi que des compétences générales pour s'adapter aisément à l'évolution du marché du travail ;
- un enseignement technique et professionnel de qualité, permettant de se doter de compétences utilisables immédiatement sur le marché du travail;
- un système d'enseignement supérieur équilibré qui offre des programmes à divers niveaux (y compris des programmes de formation postsecondaire de courte durée), un système étroitement lié aux besoins du marché du travail, et qui facilite l'adoption de nouveaux fruits de la recherche et de nouvelles technologies.

Au Cameroun, le taux net de fréquentation scolaire s'élève à 80 p. 100. Selon ce taux, des inégalités distinguent d'une part, les milieux urbains (80-90 p. 100) des milieux ruraux (70-80 p. 100) ; et d'autre part, les garçons des filles. Les données des résultats associés à l'éducation de base sont faibles en rapport avec celles des pays d'Afrique subsaharienne de niveau de revenus comparables. Ces comparaisons laissent supposer que la majeure partie de la population ne possède pas les compétences de base. En dépit des progrès notables accomplis ces dix dernières années en matière d'accès à l'éducation et d'alphabétisation. Moins de la moitié de la population d'âge scolaire a achevé le cycle primaire en 2009, et l'espérance de vie scolaire n'a augmenté que de deux ans au cours des vingt dernières années. La principale cause d'abandon des études semble être le manque d'argent, un paradoxe dans un pays où l'école primaire publique est gratuite.

Le taux de scolarisation aux cycles secondaires apparait également bas par rapport à des pays de niveau comparable. En 2008, par exemple, le taux brut de scolarisation au Cameroun était similaire à celui de l'Érythrée, de la Guinée, du Libéria et de la République démocratique du Congo, mais sensiblement inférieur à celui du Ghana, du Kenya ou de l'Afrique du Sud.

L'enseignement secondaire se divise en filières, générale et technique, mais la filière technique ne compte qu'une faible proportion du total des effectifs.

On note des disparités spatiales dans l'éducation de base. Les taux d'achèvement des études sont par exemple très bas (moins de 10 p. 100) dans l'Adamaoua, le Nord et l'Extrême-nord. Dans ces régions, le taux d'alphabétisation est particulièrement faible et les femmes sont nombreuses parmi les analphabètes.

La formation technique professionnelle apparaît peu adaptée et ne répond pas aux besoins du marché du travail. Les établissements d'enseignement professionnel n'accueillent que peu d'élèves, et se concentrent sur quelques filières telles que le bâtiment (environ 25 p. 100 du total des effectifs), au détriment d'autres secteurs importants de l'économie comme le tourisme (3 p. 100 des effectifs) et l'agriculture (moins de 1 p. 100).

Par ailleurs, l'apprentissage particulièrement adaptée aux besoins du privé n'est pratiquée que de façon informelle dans le pays. On peut déplorer l'absence de cadre juridique permettant aux entreprises de nouer des partenariats avec des centres de formation.

Il en résulte que, la plupart des jeunes ne reçoivent pas de formation professionnelle, notamment dans le Nord du pays.

3.3 - Les spécificités de l'enseignement supérieur

En ce qui concerne l'enseignement supérieur, celui-ci est placé sous la tutelle du Ministère de l'Enseignement Supérieur et compte sept universités publiques dont la huitième est en construction à Bamenda. Elles sont chargées d'assurer la formation, la recherche scientifique et technique, de venir en appui au développement, à la promotion sociale, à la promotion de la science, à la promotion de la culture et de la conscience nationale. À ces universités, sont rattachées de nombreuses écoles et instituts spécialisés, d'enseignement et de recherche. La distribution spatiale des universités est inégalement répartie selon les régions. Cette répartition s'organise comme suit : Buéa (Sud-Ouest), Douala (Littoral), Dschang (Ouest), Ngaoundéré (Adamaoua), Yaoundé 1 (Centre), Yaoundé 2 (Centre), Maroua (Extrême-Nord). Aujourd'hui au Cameroun, l'enseignement supérieur privé est en pleine croissance, et le pays compte déjà plusieurs universités et instituts supérieurs privés d'enseignement et de recherche dont les plus importants sont l'université des Montagnes à Bangangté, l'université de l'Equateur (Ebolowa), l'université adventiste Cosendai de Nanga-Eboko, l'Université Catholique d'Afrique Centrale (Yaoundé), l'Université protestante d'Afrique centrale (Yaoundé), l'Université technologique protestante (Ebolowa). Plus d'une douzaines d'écoles nationales de spécialités côtoient de nombreux autres instituts de technologie et de formation. Ils sont pour la plupart concentrés à Yaoundé et souvent disséminés à Douala, Dschang, Ngaoundéré, Maroua et Bandjoun.

Si dans l'ensemble, le nombre des inscriptions dans l'enseignement supérieur a considérablement augmenté, les programmes proposés ne semblent pas toujours répondre aux besoins du marché du travail. Les effectifs ont plus que doublé depuis 2005, surtout dans les établissements supérieurs publics. La répartition des étudiants par discipline pourrait toutefois laisser supposer un décalage par rapport aux besoins de l'économie camerounaise. Exception faite des écoles normales, les inscriptions aux cycles d'ingénierie ne représentaient par exemple que 5 p. 100 du total des effectifs en 2010, un ratio en déphasage avec l'ambition du Cameroun d'investir dans de grands projets énergétiques et de transport ; La proportion d'étudiants inscrits dans les filières sanitaires reste paradoxalement faible. L'adéquation entre formation et projet de progrès social ne demeure-t-elle pas un réel problème pour le développement du Cameroun ?

3.4 – L'impératif d'éducation et de formation

En effet et plus largement, l'impératif d'éducation et de formation est de permettre à chaque individu d'acquérir un savoir, un savoir-faire, un savoir-être ; de s'adapter facilement aux situations et d'agir efficacement sur le milieu pour le transformer positivement. Pour répondre à un tel impératif, il m'apparaît important que le Cameroun puisse trouver les voies et les moyens d'assurer l'éducation de base positivement pour tous. Une telle éducation de base peut également être acquise dans des structures d'éducation non formelles.

Les données disponibles indiquent par exemple de fortes variations dans la scolarisation des filles et des garçons, d'un lieu géographique à un autre selon sa nature rurale ou urbaine, de par sa position lointaine ou proche d'un pôle économique ou administratif. Des facteurs socioculturels et socioéconomiques interviennent comme des freins à la poursuite de la scolarisation. Très souvent, les jeunes filles en milieux urbains sont précocement enceintes et arrêtent leurs études. La baisse du pouvoir d'achat des familles amène certains parents en zone rurale à privilégier maladroitement l'éducation des garçons au dépend de celle des filles et à encourager le mariage précoce de celles-ci.

L'éducation non-formelle pratiquée au sein des familles, permet à l'enfant d'acquérir les vertus de politesse, de bienséance, les pratiques culturelles et culturales de son terroir, et de pouvoir en faire une projection à une échelle sociale plus grande.
Cette forme d'éducation est encore très vivace dans les milieux traditionnels au sein de la grande famille, mais fortement entraînée par l'exode rural, les conflits de générations, l'individualisme, dont les racines se trouvent dans l'occidentalisation à tout prix de nos valeurs. L'impératif d'éducation et de formation ne doit-il pas considérer que le métissage entre les valeurs traditionnelles et les valeurs d'import, puisse être une chance pour le développement ?

Conclusion

Le système d'éducation et de formation camerounais apparaît complexe dans sa représentation compte tenu des différentes formes qui lui sont associées. Elles sont formelles, non formelles et informelles. L'éducation non formelle subsiste dans les milieux traditionnels et au sein des familles. Elle renvoie notamment aux règles de respect, de morale et d'éthique. L'éducation informelle au Cameroun renvoie à l'apprentissage, mais celui-ci se développe dans un cadre juridique inexistant. L'éducation formelle dépend des enseignements dispensés dans des filières de formation, fortement ouverte à l'éducation occidentale. Si la formation est censée donner à chaque Camerounais une chance de trouver un emploi ou une activité, le nombre croissant de diplômés sans emploi interroge sur l'efficacité du système d'éducation et de formation en place. Est-il suffisamment adapté à nos besoins ? À nos pratiques, et à nos croyances ? Intègre-t-il suffisamment nos connaissances traditionnelles ?

Chapitre 4. : Les grands fléaux qui affectent le développement humain

L'étude des corrélations entre l'accroissement démographique, le développement socio-économique et l'environnement constitue une trilogie sur les objectifs et les moyens du développement comme nous l'avons vu dans les données du chapitre qui précède. Mais pour compléter cette étude des corrélations, il faut également faire rentrer dans l'équation du développement prise globalement, les données socio-sanitaires, épidémiologiques, de santé et de développement humain. La raison en est que la sous-estimation des déterminants éco-épidémiologiques[25] qui impactent sur la santé des Camerounais et qui nuisent à la productivité humaine, a souvent compromis les perspectives de développement. Nous retiendrons les plus importants qui caractérisent les grands fléaux.

Les grands fléaux qui affectent la santé de l'homme au Cameroun renvoient - aux maladies transmissibles telles que le paludisme, la tuberculose, le VIH/SIDA/IST, les Hépatites et autres maladies à potentiel épidémique; - aux maladies non transmissibles (Cancer, Epilepsie, Drépanocytose, Diabète et Hypertension, etc....) ; - aux maladies tropicales négligées (Lèpre, Ulcère de Buruli, Onchocercose, Trypanosomiase Humaine Africaine, Ver de Guinée, Schistosomiases).

Un travail approfondi sera consacré à l'épidémiologie du VIH/SIDA au Cameroun en raison du poids que ce fléau exerce sur le développement humain. Retenons déjà que

[25] Voir en Annexes, « Définitions et concepts » ou *in* [MBIAGA & al, 2002]

le VIH/SIDA fait partie des maladies transmissibles, et qu'on le classe dans la catégorie des Infections Sexuellement Transmissibles (IST). Les autres maladies qui seront évoquées par la suite, le seront souvent en association avec le VIH/SIDA quand cela est possible.

4.1. L'éco-épidémiologie du VIH/SIDA

L'évolution dans le temps et dans l'espace des infections à VIH au Cameroun n'est pas simple à apprécier. En janvier 1987 et en Mai 1989, des enquêtes par sondage sont menées auprès des populations adultes pour évaluer l'importance de l'infection à VIH en Afrique Centrale[26] La première étude qui excluait la RDC, donnait déjà des premières indications d'une variation spatiale de l'infection. Selon la deuxième étude, les différences observées entre les sites géographiques de savane, de forêt, et de régions côtières signalaient un gradient croissant Nord-Sud de séropositivité.

De nombreuses enquêtes menées par le service d'épidémiologie de l'OCEAC (Organisation Contre les Endémies en Afrique Centrale) établissaient des données sérologiques très disparates sur le VIH. Rassemblées dans le temps et dans l'espace, ces données complétées et reconstituées donnaient une première image géographique de l'infection en Afrique Centrale en 1992.
Considérant - que la définition de la population générale varie selon les études, - que cette définition laisse des incertitudes dans l'appréciation de l'évolution de l'infection, les femmes enceintes et les donneurs de sang apparaissent parmi les populations, les groupes les plus représentatifs de la population générale.

[26] [Merlin & al, 1987], [MERLIN & al, 1988] et[LOUIS, 1989],

4.1.1 - Période initiale 1985 – 1987

De façon globale, les premières analyses montrent que le virus à immunodéficience humaine (VIH) circule de façon hétérogène en fonction des facteurs de lieux et de peuplement en Afrique Centrale. Il apparaît ainsi que les sites ruraux où vivent la majorité de la population sont moins touchés que les sites urbains.

De façon spécifique à chaque pays, les données confirment que l'infection est déjà établie à un niveau élevé à Kinshasa parmi les femmes enceintes (6,9 p. 100). Au Congo, le niveau moyen de l'infection est de 3,9 p. 100 parmi les femmes enceintes de Brazzaville. En Centrafrique, on assiste pendant la période à un doublement annuel des taux de prévalence parmi les adultes âgés de 15 à 45 ans. Soit en moyenne 2,1 p. 100 en 1985, 4 p. 100 en 1986 et 7,8 p. 100 en 1987. Parallèlement, les taux de prévalences relevés depuis 1986 parmi les femmes enceintes à un haut niveau à Bangui (4,7 p. 100), évoluent peu l'année d'après (5,2 p. 100).

A Mouilia (Ngounié) au Gabon, le niveau de l'infection parmi les adultes, (3,1 p. 100) est comparable à celui qui est observé parmi les travailleurs du textile de Kinshasa. Parmi les adultes, l'infection atteint à Libreville (1,8 p. 100) des niveaux supérieurs à ceux qui sont observés dans les sites camerounais.

Dans le grand espace occupé par le Cameroun, la Guinée équatoriale, une partie du Congo et du Gabon, l'infection évolue à des niveaux très faibles (moins de 1 p. 100) et de façon non différenciée selon la nature des sites (villes, villages).

Au Cameroun, on notera surtout que les taux de prévalence (0,5 – 1 p. 100) relevés à Ebolowa, Kribi,

Sangmélima et Bertoua montrent que les régions rurales sont touchées à des niveaux comparables à ceux de Yaoundé.

Evolution de l'infection à VIH-1 parmi les adultes « indifférenciés ».

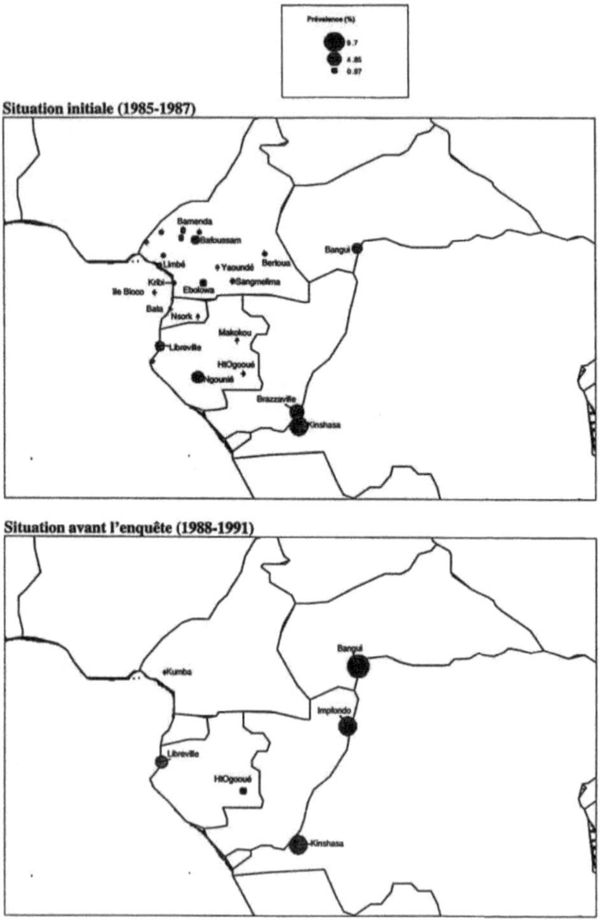

De cette période, l'épidémiologie régionale attire l'attention sur une double situation initiale :

- Des forts taux de prévalences observés (3 – 8 p. 100) du flan Sud et Est distinguent la partie orientale du Cameroun. Le réseau épidémiologique urbain (Brazzaville-Kinshasa-Bangui) concerné traduirait des *foyers urbains* de l'infection ;

- Des distributions spatiales de faibles taux de prévalence observés dans la partie occidentale (0 – 2 p. 100) sont groupées ou isolées ; et l'infection investit les villes et les villages de façon non différenciée. Elles traduisent une *sporadicité diffuse* de l'infection [REMY, 1993]

4.1.2 - Période 1988 – 1991

Cette période qui suit la période initiale, précède la période de la première enquête multidisciplinaire effectuée dans la région de Batouri (Cameroun) et de Berberati (Centrafrique).
Dans cette période, le niveau de l'infection déjà assez élevé à Kinshasa parmi les adultes et les femmes enceintes apparait stable (5 – 7 p. 100). Ce même niveau est rattrapé à Brazzaville, parmi les femmes enceintes, et tend à évoluer parmi les adultes (4,3 p. 100). Dans une autre ville située au Nord du Congo, les taux de prévalence atteignent le seuil de 6 p. 100 dans la population adulte d'Impfondo. En Centrafrique, les taux de prévalence montent plus vite parmi les femmes enceintes (7,2 p. 100 à Bangui ; 7,4 p. 100 à Berberati ; 8,6 p. 100 à Bambari) et parmi les adultes de Bangui (9,7 p. 100).
Au Cameroun et au Gabon toutefois, la situation épidémiologique parmi les femmes enceintes signale une progression relative des niveaux de l'infection. De façon

généralisée au Cameroun, mais toujours à des seuils inférieurs à ceux observés au Congo, à Kinshasa et en Centrafrique. L'infection évolue discrètement.
En effet, dans la partie occidentale de la région, l'infection semble se diffuser à bas bruit. En Centrafrique, l'infection investit simultanément Bangui et un réseau de villes secondaires rurales à des niveaux relativement élevés. Le phénomène épidémique en œuvre en Centrafrique s'introduit dans le Sud-Est du Cameroun et renvoie à des interrogations qui tiennent au rôle de la démographie, du peuplement, des activités économiques et des mouvements des populations.
De cette période, le schéma global de l'épidémiologie régionale, - son importance, - son évolution, présente trois phases de disparités spatiales de l'infection :

1 – Une présence de l'infection à un niveau élevé, mais stable dans le temps à Kinshasa et à Brazzaville. Le virus pourrait être très ancien à Kinshasa, puisque des études semblent indiquer des traces très anciennes du virus dans la province de l'équateur (Nord-Ouest de la RDC). Mais l'absence dans cette région du VIH-1/groupe O laisse perplexe ;

2 – Une montée de l'épidémie dans un réseau de sites centrafricains (urbains et ruraux) en périphérie de Bangui ;

3 – Une épidémie en évolution dans la partie occidentale où l'infection investit de façon généralisée les villes gabonaises de Libreville, Franceville et les villes camerounaises de Yaoundé, Douala, Limbé, Bamenda et autre Kumba.

Ces trois phases de disparités spatiales de l'infection – et son évolution renvoient aux caractéristiques intrinsèques du VIH-1, et aux conditions écologiques ou environnementales qui rendent les collectivités plus ou moins réceptives au virus. Il apparait donc que c'est dans le dialogue que les collectivités nouent avec le virus dans le temps et dans l'espace que se déterminent d'abord, les éléments du virus favorables à sa transmission interhumaine, et ensuite les éléments qui participent activement à sa propagation.

Graphique 2

Evolution de l'infection dans les principales métropoles.

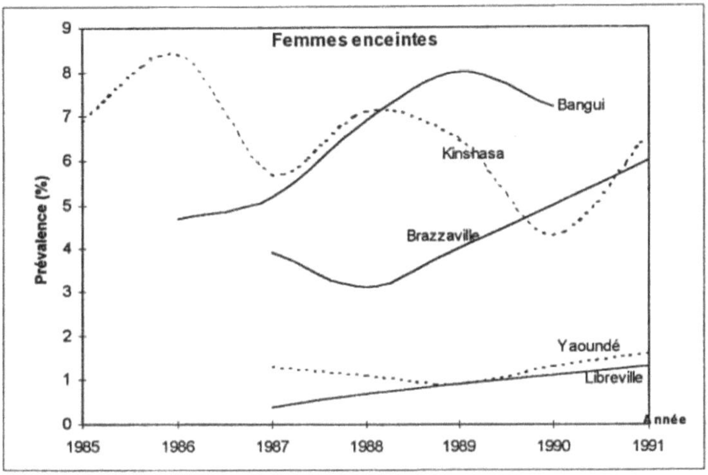

En effet, une bonne analyse exige de saisir d'une part, les propriétés épidémiologiques du virus et d'autre part, les propriétés des collectivités qui contribuent à sa diffusion. Notons que la théorie de l'épidémiologie, perçue selon un *système adaptatif complexe,* utilise la notion de *Bio-Socio-Epidémiologie* pour distinguer la nature des variables en jeu dans les études épidémiologiques.

Les propriétés épidémiologiques du virus à immunodéficience humaine (VIH) concernent les déterminants *biologiques – immunologiques* qui facilitent sa pénétration chez l'individu et ceux des déterminants *génétiques* responsables de sa virulence chez ce dernier.

Evolution de l'infection à VIH-1 parmi les femmes enceintes.

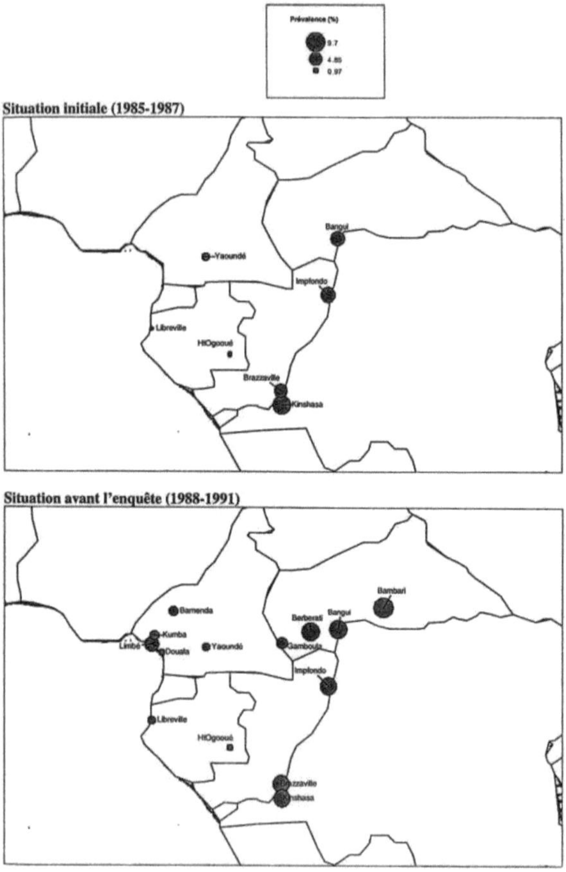

A partir des déterminants Bio-épidémiologiques, on détermine les facteurs intrinsèques au VIH et *co-facteurs* qui favorisent la contamination ; et à partir des déterminants socio-épidémiologiques, on relève les spécificités des individus qui contribuent à la diffusion de l'infection, et on en détermine le modèle éco-épidémiologique du VIH.

Système socio-épidémiologique de l'infection à VIH.

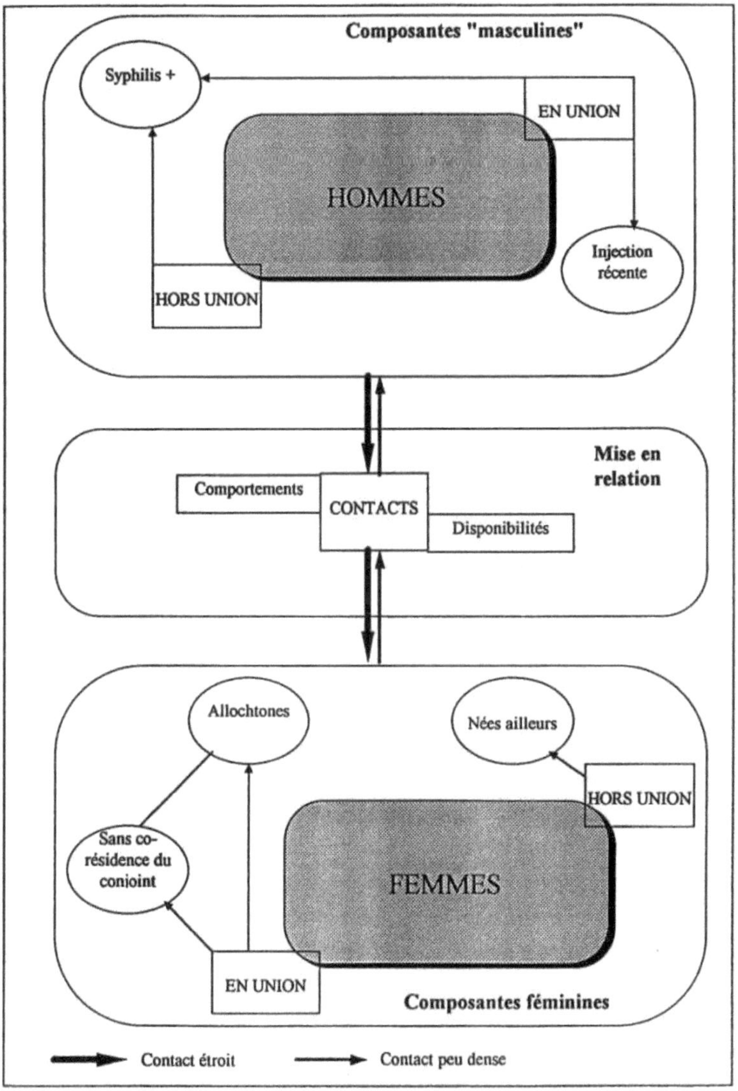

Selon le modèle socio-épidémiologique camerounais, resté invariant dans le temps et l'espace, il est indiqué que dans les deux sexes, la séropositivité au VIH se distingue davantage parmi ceux qui vivent hors union et qui connaissent un antécédent à une IST (Syphilis active par exemple).

Chez les hommes contaminés par le VIH, le lien social entre VIH et IST renvoie à leurs ***comportements sexuels***. Chez les femmes en revanche, les facteurs de risques les plus fréquents renvoient à l'absence de co-résidence du conjoint lorsqu'elles déclarent vivre en union et au fait qu'elles sont sans attache conjugale (hors union). Et le lien social entre VIH et le fait d'être sans attache conjugale est la situation de ***disponibilité*** des femmes.

Selon toute vraisemblance, les *réservoirs initiaux* du virus (ou contaminateurs) comptent parmi les hommes ayant un antécédent d'IST et les sujets vulnérables et/ou exposés se rencontrent davantage parmi les femmes vivant en union ou non.

Les comportements des hommes et les disponibilités des femmes favorisent les contacts hétérosexuels, et influencent d'autant la contamination interhumaine du virus

Le dialogue VIH/Sites géographiques[27] fait valoir qu'au Cameroun, la mobilité des femmes, lorsqu'elle existe, obéit à une logique socio-matrimoniale, et celle des hommes obéit à des objectifs socio-économiques. Ainsi à chaque échelle géographique où l'infection est introduite par un individu mobile, le virus pénètre dans les collectivités selon les propriétés du système socio-épidémiologique, et se propage sous l'effet cumulé des procédures sociales (comportement, mobilité) en jeu.

---

[27] Voir « Méthode de diffusion spatiale » en Annexe de ce livre.

4.1.3 - Actualisation des données

Estimée à 11 p. 100 en 2000 sur la base des données de la surveillance sentinelle chez les femmes enceintes, les résultats de l'EDS[28] III, situent à 5,5 p. 100 la séroprévalence au VIH/Sida chez les adultes âgés de 15 à 49 ans en 2004. La variation des méthodologies utilisées expliquerait cette différence.

Le taux de séroprévalence chez les femmes âgées de 15 à 49 ans (6,8 p. 100) est supérieur au taux estimé chez les hommes du même groupe d'âge (4,1 p. 100). Il en résulte un ratio d'infection entre les femmes et les hommes de 1,7.

La proportion des personnes séropositives varie avec l'âge : d'un minimum de 1,4 p. 100 parmi les personnes de 15 à 19 ans, la proportion atteint un maximum de 8,9 p. 100 parmi celles de 30 à 34 ans pour ensuite diminuer à 4,7 p. 100 parmi les personnes de 45 à 49 ans.

Les hommes et les femmes du milieu urbain sont nettement plus susceptibles d'être séropositifs que ceux du milieu rural. Par ailleurs, la séroprévalence n'est pas uniformément répartie entre les différentes régions ; elle est de 8,7 p. 100 au Nord-Ouest, 8,6 p. 100 à l'Est, 8,0 p. 100 au Sud-Ouest, 8,3 p. 100 dans la ville de Yaoundé, 2,0 p. 100 dans la région de l'Extrême-Nord et de 1,7 p. 100 au Nord.

Environ 63.881 cas d'IST traités ont été notifiés au niveau national en 2008, contre 47.488 en 2007. Les femmes sont de loin plus concernées que les hommes ; elles représentent 68 p. 100 des cas notifiés.
Sur le plan étiologique, la gonococcie est la première cause d'IST avec 24.803 cas soit 39 p. 100 des cas dépistés, suivie de la syphilis.

---

[28] Enquête de Santé.

Aujourd'hui, le taux de prévalence du VIH au Cameroun est estimé à 5,1 p. 100, et c'est le taux le plus élevé[29] parmi les pays des sous régions CEMAC et CEDEAO[30] Selon le Groupe Technique Central du Comité National de Lutte contre le SIDA (GTC/CNLS), 141 nouvelles infections apparaissent par jour, soit 6 personnes par heure. En 1990, le Cameroun comptait près de 32 000 personnes vivant avec le VIH. Ce nombre a été multiplié par 8 en 1995.

Graphique 3 : Population totale vivant avec le VIH

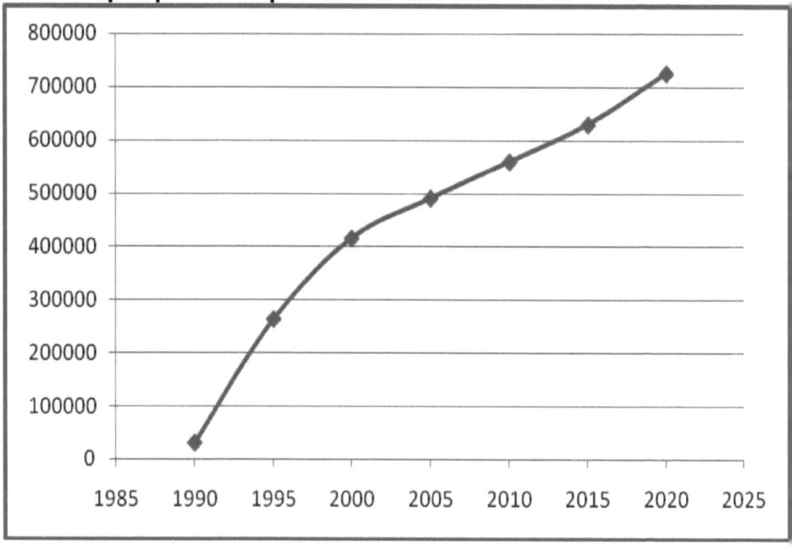

---

[29] (ONUSIDA, 2009).

[30] Communauté Economique Des Etats d'Afrique de l'Ouest.

Graphique 4 : Jeunes âgé de 14-24 ans vivant avec le VIH

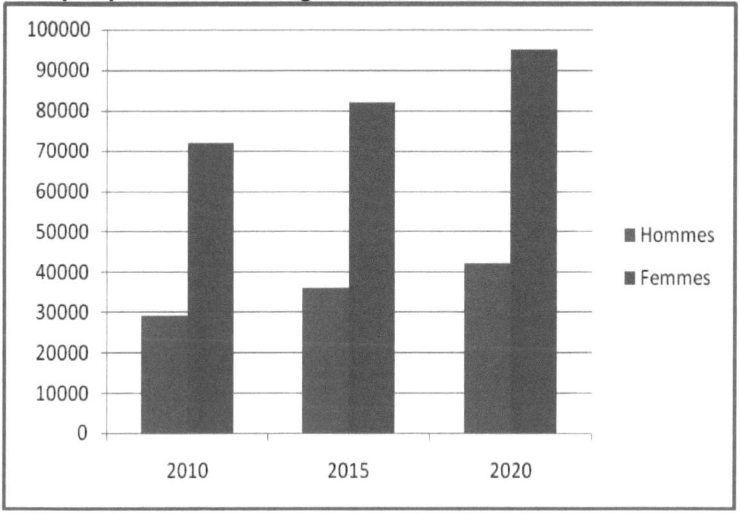

On estime que ce nombre s'élèvera à 726 000 en 2020. Parmi ces personnes, trois sur cinq sont de sexe féminin. Les jeunes femmes âgées de 15 à 24 ans apparaissent particulièrement vulnérables (7 sur 10). La mortalité due au SIDA augmente très rapidement (Graphique 5).

Graphique 5 : Mortalité due au SIDA entre 1995 - 2000

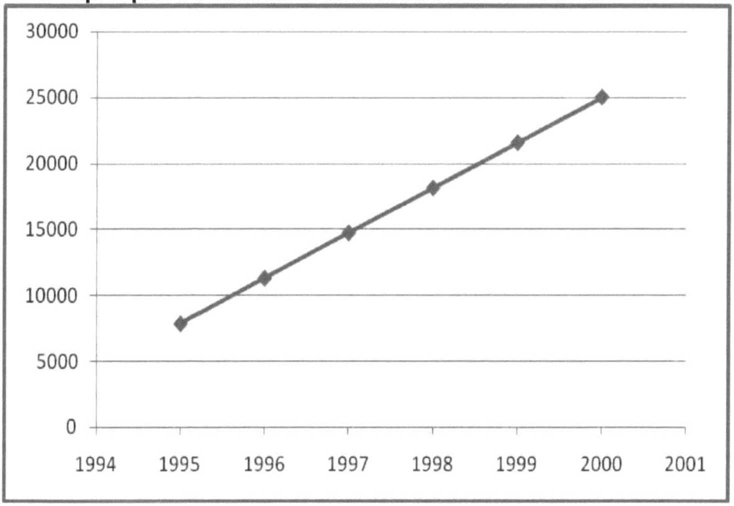

Graphique 6 : Mortalité due au SIDA entre 2000 - 2012

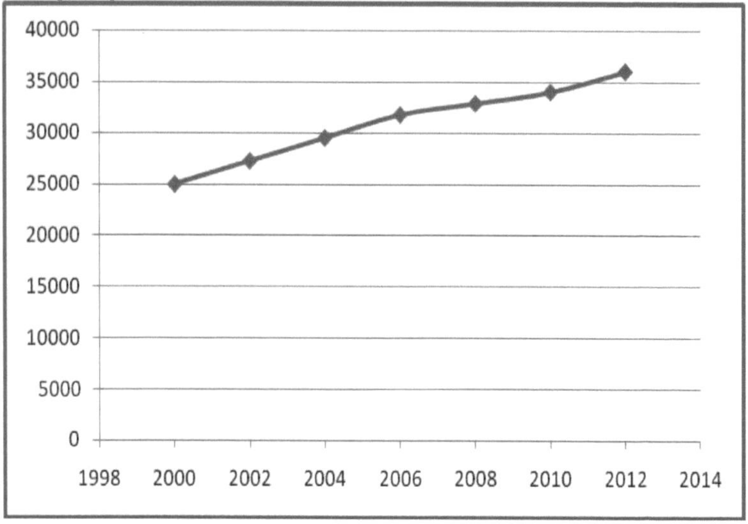

En 1995, on dénombrait 7900 décès et 25000 décès en 2000. Ce chiffre attendrait 36 000 en 2012.

4.2 – L'éco-épidémiologie du Paludisme

Le paludisme est l'une des grandes causes de mortalité en pathologie infectieuse et parasitaire, au même titre que le Sida ou la Tuberculose. Il demeure un problème majeur de santé publique au Cameroun.
Les agents du paludisme sont des hématozoaires de quelques microns, parmi lesquels l'on distingue le Plasmodium Ovale, Vivax, responsable de fièvre tierce bénigne, le Plasmodium Malariae responsable de fièvre quarte bénigne et le Plasmodium Falciparum (gamétocyte en faux) responsable de fièvre tierce maligne.
L'anophèle femelle apparaît comme étant l'hôte définitif du parasite dans son cycle sexué. Mais l'homme n'intervient dans ce cycle qu'en qualité d'intermédiaire.

Ainsi, le paludisme est une maladie parasitaire, transmise par un moustique, appelé anophèle. Au Cameroun, on distingue un nombre particulièrement élevé d'espèces d'anophèles. Parmi ces espèces, une proportion importante transmet le Plasmodium à l'homme. Mais seulement, le moustique a besoin pour vivre, de sang, de chaleur, d'eau stagnante et d'eau douce. Le Cameroun réuni ces conditions écologiques, lesquelles donnent à l'anophèle, les moyens de son développement. On sait que le repas sanguin du moustique conditionne sa ponte après 2 ou 3 jours, on sait également que l'anophèle se reproduit et pique toute l'année au Cameroun. Les publications parlent d'environ 1000 piqûres par an. Tous ces éléments montrent que la charge pathogène est particulièrement élevée dans le pays. Ils justifient que le Cameroun soit inscrit dans une zone impaludée du *faciès* épidémiologique équatorial. Dans cette zone, 30 à 50 p. 100 des fièvres sont attribuées au paludisme chez l'enfant, la morbidité s'étale sur toute l'année et les formes graves de paludisme sont neurologiques, fréquentes chez le jeune enfant, mais rares chez l'adulte.

4.2.1 – Populations vulnérables

La principale raison de consultations médicales au Cameroun renvoie au paludisme. Pour une fréquence de consultations variant entre 40 et 45 p. 100, on enregistre un taux de morbidité clinique chez l'enfant d'environ 50 p. 100. En réalité, ce taux varie selon les régions et se situe entre 40 et 50 p. 100. Le taux de mortalité due au paludisme s'élèverait à 21 p. 100.

Les populations les plus vulnérables demeurent les femmes enceintes et les enfants de moins de 5 ans. Dans les deux groupes de populations, on observe que le niveau élevé des taux est fortement corrélé aux indicateurs de santé que sont : l'anémie et l'épilepsie pour les enfants, la parasitémie, l'hypoglycémie, des avortements et infections congénitales pour les femmes enceintes. On peut également noter que chez l'enfant, les absences scolaires sont l'indicateur social le plus corrélé aux taux élevé du paludisme.

4.2.2 – Disparités spatiales

Les régions les plus touchées par le paludisme au Cameroun renvoient notamment aux conditions géo-climatiques et bio-climatiques. Les premières conditions, favorables au développement des larves indexent les fortes densités de population. Elles concernent les régions côtières impliquant les villes de Douala, Edéa, Kribi, Limbé et Buea ; les régions du Centre du Sud et de l'Est distinguant Yaoundé, Akonolinga, Eséka, Bafia, Nanga-Eboko, Kribi, Ebolowa, Sangmélima, Abong-Mbang et Bertoua ; les régions du grand Ouest impliquant les villes de Bafoussam, Mbouda, Foumban, Bamenda, Mamfé, Kumba et Bafang ; les régions septentrionales dont les villes de Ngaoundéré, Meiganga, Garoua, Guider, Mokolo et Kousseri. Les deuxièmes conditions indexent les niveaux de températures élevés (plus de 25°C) et concernent les villes d'Abong-Mbang dans la région de l'Est, de Sangmélima dans le Sud, Kumba au Sud-Ouest, Foumban dans le Noun et Kribi dans le département de l'Océan.

Globalement, le paludisme au Cameroun est une endémie essentiellement rurale de par les conditions nécessaires au développement des gîtes larvaires. La transmission apparaît beaucoup plus faible en milieu urbain qu'en milieu rural. Le Cameroun est rentré dans une phase de mutation où l'urbanisation s'accélère. On peut penser qu'avec le temps, un nombre important de sa population urbaine, née sur place, grandira sur place avec un risque de transmission anophélienne très faible. Cette population n'aura pas acquis d'immunité de prémunition,

et ne pourra s'infecter qu'à l'occasion de brefs séjours en zone rurale (paludisme d'importation) ou à l'occasion de déplacements en zone périurbaine et pourra développer, quel que soit l'âge, des formes graves de paludisme comme les neuropaludismes.
On peut dont prévoir pour le Cameroun que dans les prochaines années, il y ait une diminution des taux d'incidence du paludisme, c'est-à-dire une probabilité plus faible d'être infecté en milieu urbain, mais aussi une augmentation relative de la proportion des formes graves de paludisme du fait d'absence de prémunition chez des citadins.

4.2.3 – Paludisme et VIH/Sida

Chez les personnes touchées par une infection à VIH, le système immunitaire est relativement faible. Dans un environnement impaludé, le paludisme apparaît pour ces personnes exposées comme étant une maladie opportuniste aggravant leur situation sanitaire.
Par ailleurs chez la femme enceinte infectée par le VIH, la capacité à résister à l'infection par le plasmodium falciparum est particulièrement réduite.
On peut ainsi penser qu'il puisse y avoir au Cameroun des programmes ou des prises en charge des personnes infectées au VIH, et exposées au paludisme.

4.2.4 – Impact socio-économique du paludisme

Le Cameroun perd chaque année à peu près 2,3 p. 100 de son PIB du fait du paludisme. Les conséquences sur le plan humain du paludisme renvoient aux absences répétées du lieu de travail et à une forte baisse de productivité dans les industries et dans les plantations agricoles. Des absences sont également observées au niveau scolaire, et de nombreux troubles et désordres sont à déplorer au sein des familles : désordres psychologiques, désordres dans l'harmonie familiale, retard dans le développement intellectuel et physique des enfants, fréquence d'épilepsie due au paludisme.

4.2.5 – Les Moyens de lutte

Les moyens de prévention du paludisme au Cameroun sont multiples. Des stratégies de communication sont menées pour amener la population à changer ses habitudes. Des unités d'imprégnations communautaires sont utilisées pour répondre à des besoins urgents dans une logique communautaire.

a) Les moustiquaires imprégnées

Aujourd'hui au Cameroun, les moustiquaires imprégnées d'insecticides sont entrées dans les habitudes familiales. Grâce aux subventions, ces moustiquaires sont souvent distribuées contre des sommes dérisoires ou le sont parfois gratuitement. Mais il reste que de nombreuses communautés rurales n'ont toujours pas accès aux moustiquaires imprégnées du fait de leur éloignement des centres d'imprégnation.

b) L'assainissement de l'environnement

Des efforts pour donner aux populations un environnement sain sont faits. Il s'agit de peser sur l'impact de la salubrité afin de lutter contre le paludisme. Ces efforts portent sur :

- le drainage et l'élimination des eaux stagnantes et la destruction des gîtes larvaires ;
- l'exigence pour les mairies de maintenir la salubrité dans les grandes villes ;

- des projets concertés entre les ministères de la santé, de l'énergie et de l'eau ainsi que celui de l'environnement afin de permettre un bon assainissement de l'environnement ;
- le rôle des associations dans le nettoyage périodique des caniveaux et des surfaces herbeuses des périmètres urbains ;
- le rôle des communes rurales à recruter les jeunes pendant les vacances scolaires pour nettoyer les rigoles et dégager les eaux stagnantes propices au développement des larves ;
- la sensibilisation de la société civile recommandant les règles d'hygiène et de prévention pour un meilleur cadre de vie.

c) Les médicaments antipaludiques en attendant un vaccin

La chloroquine et la quinine étaient souvent utilisées dans la lutte contre le paludisme au Cameroun selon une option de monothérapie. Mais les résistances observées dans plusieurs régions du pays ont finalement conduit à des prescriptions qui conseillent aujourd'hui l'utilisation des formes combinées de deux molécules, c'est la bithérapie[31]. Pour le traitement du paludisme proprement dit, il est d'abord recommandé d'utiliser l'aspirine et le paracétamol pour baisser la fièvre, avant de recourir à l'une des bithérapies de prescription. Le traitement du paludisme est subventionné par l'Etat camerounais à hauteur de 50 p. 100.
Des moyens de prévention spécifiques en faveur des femmes enceintes sont privilégiés.

[31] *la bithérapie conseillée en 2004 combinait l'artésunate – amodiaquine, et en 2006, la combinaison de traitement par l'artéméther – luméfantine était également conseillée.*

L'écart entre les efforts menés pour lutter contre le paludisme et les objectifs globaux de contrôle du paludisme à l'horizon 2015 demeure encore très important. Seulement 13 p. 100 des enfants de moins de cinq ans dorment aujourd'hui sous moustiquaires imprégnées, la proportion de femmes enceintes soumises aux traitements spécifiques (TPI) s'élève à 37 p. 100 et seulement 58 p. 100 de cas compliqués sont pris en charge de façon efficace et en urgence.

Le potentiel épidémiologique du paludisme au Cameroun est une réalité dont la complexité renvoie aux propriétés du parasite, décrites dans le cycle du plasmodium, à sa transmission interhumaine, aux propriétés des collectivités particulièrement concernées par leurs vulnérabilités, les disparités géographiques et climatiques, les situations sociales et écologiques. Les taux élevés du paludisme parmi la population générale, et le nombre élevé des décès dus au paludisme décrivent un *péril épidémiologique* du paludisme au Cameroun.

Les efforts de lutte sont réels, mais encore insuffisants, l'accroissement rapide de l'urbanisation soulève des interrogations sur le risque d'un nouveau type de paludisme d'importation, le neuro-paludisme. La combinaison des efforts et des risques encourus pourraient à plus ou moins court terme, placer le pays dans un paradoxe éco-épidémiologique du paludisme. Un paradoxe décrivant la situation où le pays sort d'un paludisme de prémunition pour rentrer dans un paludisme grave.

4.3 – Ecologie des maladies infectieuses ré émergentes

L'apparition de nouvelles maladies infectieuses et la réémergence d'agents pathogènes dont on croyait avoir la maîtrise est un problème de grande portée transnationale. Aujourd'hui, les déplacements sont de plus en plus faciles. Une nouvelle affection peut apparaître dans n'importe quel lieu géographique, un nouvel agent pathogène peut se propager grâce à des conditions favorables dans ce lieu géographique, d'un individu à un autre, et de ce lieu géographique à un autre. La position géographique du Cameroun, placée au confluent de plusieurs pays d'Afrique centrale, carrefour portuaire et maritime, le rend plus vulnérable à ce type de problème. En plus des maladies émergentes, de nombreuses maladies infectieuses sévissent dans le pays. La tuberculose, les hépatites virales, et d'autres IST sont parmi les plus graves. Ces pathologies constituent un véritable fléau de Santé Publique et il est indispensable de développer des activités de recherche les concernant.

4.3.1 - La Tuberculose

Agent et Transmission

La tuberculose est l'une des maladies les plus meurtrières au monde après le VIH/Sida. Elle est due à un agent infectieux unique, une bactérie appelée *Mycobacterium tuberculosis* ou *bacille tuberculeux*, qui touche en particulier les poumons. Elle se propage d'une personne à l'autre par voie aérienne. On distingue chez l'homme d'une part, une tuberculose active lorsqu'il développe la maladie ; et d'autre part, une tuberculose évolutive, lorsqu'il peut infecter jusqu'à 10 ou 15 personnes proches en une année. Chez les personnes infectées par le bacille tuberculeux, le risque de développer la maladie au cours de son existence est de 10 p. 100.

Population et groupes vulnérables

La tuberculose multi-résistante (TB-MR)[32] est fréquente dans toutes les régions, mais le nombre de personnes touchées par la tuberculose est en constante diminution depuis 1990. Le taux de mortalité ayant chuté de 40 p. 100 depuis cette date.
Une proportion élevée de décès est constatée dans les pays à faible revenu monétaire par tête d'habitant. Ces décès touchent particulièrement les enfants orphelins et sévit davantage en milieu carcéral. Elle est une cause majeure de décès parmi les personnes vivant avec le VIH

Au Cameroun, selon une estimation prudente, le taux de prévalence lié à la tuberculose serait de 0,192 p. 100 et le taux de TB pulmonaire à bacilloscopie positive s'élèverait à 0,083 p. 100 dans le pays. Le taux de mortalité lié à la tuberculose s'élève à 0,029 p. 100 et la tuberculose apparaît bien souvent comme étant une maladie négligée. Sa prise en charge est généralement associée au VIH/Sida. Elle apparaît néanmoins dans la littérature médicale, comme étant un problème de santé en milieu urbain.

Co-Infection VIH/Sida

Notons qu'au Cameroun, la propagation du VIH/Sida a accéléré la résurgence de la tuberculose, et la lutte contre celle-ci s'est par ailleurs intensifiée. Le nombre de centres

---

[32] La tuberculose multirésistante (TB-MR) est une forme de tuberculose causée par un bacille qui résiste à l'isoniazide et à la rifampicine, les deux médicaments antituberculeux de première intention (ou standard) les plus efficaces.

de traitement de la tuberculose s'élève à 230 dans le pays après la création de 7 nouveaux centres en 2011 dans les Régions du Littoral et de l'Extrême Nord. Selon le Programme National de Lutte contre la Tuberculose (PNLT), le taux de guérison à la forme contagieuse de tuberculose (TPM+) au Cameroun serait de 78,30 p. 100. S'agissant de la co-infection tuberculose-VIH/SIDA, le taux de prévalence à la tuberculose s'élèverait à 38 p. 100 parmi les co-infectés. Aujourd'hui, il apparaîtrait qu'un nombre important de patients infectés par le *bacille tuberculeux,* acceptent de se faire dépister au VIH, soit une proportion de 80 p. 100.

En effet, pour augmenter le taux de guérisons selon l'objectif fixé à 85 p. 100, il importe de prendre en charge des malades en milieu carcéral, d'assurer la prise en charge des cas de tuberculose multirésistante aux antibiotiques (MDR), des cas de coinfection Tuberculose/VIH SIDA, de la tuberculose infantile et la chimio prophylaxie chez les enfants âgés de 5 ans ayant eu un contact avec les sujets atteints de tuberculose pulmonaire à bacilloscopie positive.

Lutte antituberculose

Il existe au Cameroun un programme élargi de vaccination contre la tuberculose qui propose le BCG (Bacille de Calmette et Guerin) et qui protège très bien la population générale contre la tuberculose, notamment les enfants. Il est d'ailleurs reconnu que le vaccin BCG assure une bonne protection à une population vivant dans des conditions socio-économiques médiocres, et comprenant une forte proportion de sujets qui présentent une sensibilité non spécifique à la tuberculine.

Grâce à l'utilisation des stratégies DOTS, et Halte à la tuberculose, qui sont recommandées par l'OMS, la tuberculose apparaît comme une maladie qui peut être soignée. Le traitement de la tuberculose évolutive sensible aux médicaments, consiste en un schéma thérapeutique standard de six mois, associant quatre antimicrobiens, qui sont fournis aux patients sous la supervision d'un agent de santé capable d'apporter information et soutien. Sans cette supervision et ce soutien, l'observance du traitement peut être difficile et la maladie peut se propager. La grande majorité des cas de tuberculose peuvent donc être guéris, à condition que les médicaments soient fournis et pris correctement.

4.3.2 - Les Hépatites virales

Les hépatites virales sont des maladies infectieuses des tissus hépatiques. Elles ont en commun : un tropisme hépatique des virus, des risques d'évolution chronique vers la cirrhose, l'insuffisance hépatique, le cancer primitif du foie pour les hépatites B et C.

Propriétés du virus

Tous les virus hépatiques pénètrent dans les hépatocytes ou cellules du foie où ils se multiplient. Et le système immunitaire en détruisant les cellules infectées, provoque une inflammation du foie. Lorsqu'on peut observer cette inflammation, les symptômes durent plusieurs semaines et peuvent être confondus avec une grippe (fièvre, douleurs articulaires et musculaires, fatigue, perte d'appétit) accompagnée de douleurs abdominales, nausées, et vomissements. Parfois des signes causés par l'inflammation du foie s'observent sur la peau et/ou des yeux (coloration jaune), des urines foncées, et des selles décolorées.

Les différents types de virus se distinguent par leurs modes de transmission, les durées d'incubation, et leur potentiel évolutif.

Propriétés dans les collectivités

Avec une prévalence de 13 p. 100, pour l'hépatite virale C et une prévalence de 10 p. 100 pour l'hépatite virale B, le Cameroun est une zone de haute endémicité pour ces deux pathologies et leurs complications, que sont les cirrhoses et les cancers du foie, particulièrement fréquents. Les hépatites dues à d'autres virus, bien que moins fréquentes sont toutes aussi sévères et le sont davantage lorsqu'elles touchent les patients immunodéprimés au VIH[33].

Lutte contre les hépatites virales

Les vaccins anti-hépatite B très efficaces sont préconisés, parmi ces vaccins, GenHevac B, mis au point par l'Institut Pasteur est le plus utilisé. Par ailleurs, les formes chroniques d'hépatites B et C, responsables de fibroses importantes, peuvent être traitées par des antiviraux spécifiques (tenofovir) pour le VHB et par une association interféronribavirine pour le VHC. Le taux de guérison varie entre 40 à 80 p. 100. Il n'existe cependant pas de vaccin contre le VHC, ni de médicament particulier pour le traitement des hépatites aiguës.

4.3.3 – Autres IST

Selon la répartition des Infections sexuellement transmissibles, autres que le VIH/Sida et l'hépatite B présents au Cameroun parmi les populations adultes, les femmes représentent le groupe de population le plus touché, avec un taux d'infection de 82,5 p. 100. Une distribution selon les types d'infection fait apparaître que dans l'ensemble de la population et sur le plan

---

[33] En effet, l'infection, lorsqu'elle est associée à une autre pathologie du foie (VIH ou deuxième virus à tropisme hépatique), majore également les risques d'évolution défavorable.

étiologique, la gonococcie reste la première IST, avec 32,5 p. 100 des cas notifiés, suivie de la syphilis 29,7 p. 100, du trichomonas 25,7 p. 100, du Chlamydia 8 p.100 et du Chancre mou 4,1 p.100.
Les principaux facteurs de transmission et de propagation des IST ressemblent à ceux qui concernent les infections à VIH. Ils sont multifactoriels et renvoient davantage aux propriétés de l'agent pathogène, et à celles des collectivités offertes au développement de l'agent pathogène.

4.4 - Des Maladies A Potentiel Epidémique (MAPE)

La liste des maladies à potentiel épidémiques que nous décrivons dans le tableau ci-dessous pour le Cameroun n'est pas exhaustive. Parmi ces maladies, nous retenons les plus significatives.

Maladies	Potentiels épidémiologiques	Facteurs bio-socio-épidémiologiques	Moyens de lutte
Le Choléra	Endémique dans les régions du Nord, de l'Extrême-Nord, du Littoral, de l'Ouest et du Sud.	Des réfugiés en provenance des pays voisins ; Proximité des points d'eau et latrines.	Mesures de sécurisation de l'eau et d'assainissement pour contrôler l'endémie.
La Méningite Cérébrospinale	cyclique dans les régions du Nord et de l'Extrême-Nord ; et poussées épidémiques dans d'autres régions.		
La Fièvre Jaune	Des flambées épidémiques font du Cameroun une zone à haut risque ; Des sites à risques élevés à Méri, Bafia, Messaména, et Akonolinga,		Campagne de vaccination

Maladies	Potentiels épidémiologiques	Facteurs bio-socio-épidémiologiques	Moyens de lutte
La Rougeole	Doublement du nombre de cas entre 1997 (8 222 cas) et 1998 (14 161 cas)		Campagne de vaccination et taux de couverture vaccinale de 68 p. 100 pour une réduction du nombre de cas de 98 p. 100 et du nombre de décès de 89 p. 100 ; Surveillance épidémiologique
La Poliomyélite/ Paralysie Flasque Aiguë	Re-émergence épidémique. Présence de 2 cas importés de polio virus sauvages en 2003, puis de 13 cas en 2004.		journées nationales de vaccination avec les pays voisins ; Absence de nouveaux cas en 2007 et 2008 ;
La Grippe Aviaire, Syndrome Respiratoire Aiguë (SRAS) et Chikungunya	Anthropozoonose ayant sévit au Nigeria voisin chez l'homme.	- Des cas de volailles contaminées sont enregistrés à Maroua, Garoua et Yagoua en 2006 ;	Supervision par le Comité Interministériel des Services du Premier Ministre

4.5. Des maladies non transmissibles

Maladies	Impacts de la maladie	Facteurs bio-socio-épidémiologiques	Moyens de lutte
Le Cancer	12.000 nouveaux cas chaque année, et 25.000 personnes vivant avec la maladie ; Un doublement de personnes attendues en 2020 ; 80 p. 100 de cas sont des dépistages tardifs	Davantage associés aux affections du sein, du col de l'utérus, de la prostate, du foie et les lymphomes.	
L'Epilepsie	En milieu hospitalier, l'épilepsie représente 15,78 p. 100 des consultations neurologiques chez les adultes et 1,85 p. 100 des consultations pédiatriques	maladie neurologique chronique sévère	
La Drépanocytose	La prévalence est de 60,5 p. 1000 et les jeunes âgés de 10 à 29 ans représentent 89 p. 100.		

Maladies	Impacts de la maladie	Facteurs bio-socio-épidémiologiques	Moyens de lutte
Les Maladies Bucco-dentaires et Traumatismes Maxillo-faciaux	Consultation pour caries et complications 85 p. 100. Taux élevé parmi les patients VIH/Sida avec prolifération de lésions buccales	Hygiène dentaire	
La Surdité ou Déficience Auditive	15 à 40 p. 100 d'élèves ont des problèmes d'audition ; l'impact social reste à évaluer		
Le Diabète et l'Hypertension Artérielle	Prévalence de 6 P. 100	Inactivité physique Alimentation en graisses, sel et sucre ; Absence de soins de qualité	
La Cécité	Prévalence 1 p. 100	Les causes- la cataracte, 50 p. 100; - l'onchocercose, 15 p. 100 ; - le glaucome, 10-15 p. 100; - la rétinopathie diabétique et hypertensive ;- les vices de réfraction;- cécités de l'enfant; opacités cornées.	Programme de lutte contre la cécité

Maladies	Impacts de la maladie	Facteurs bio-socio-épidémiologiques	Moyens de lutte
Les Maladies rénales chroniques	le taux de progression est élevé,	Insuffisance Rénale Chronique (IRC)	multipliant les centres d'hémodialyse et facilitation d'accès par des subventions
Les Maladies rhumatismales	Prévalence 9,4 p. 100 parmi les quelles les femmes seraient concernées à 62 p. 100	- l'ostéoartrite des membres 20,5 p. 100 ; - désordres dans la région musculo squelettique 15,5 p. 100 ; - arthrite associée aux infections 9,3 p.100 ; infections chroniques et des maladies des tissus conjonctifs 8,2 p. 100 ; et les autres rhumatismes non classés 5,9 p. 100.	
L'Asthme et les affections respiratoires chroniques	une prévalence de 5,7 p. 100		

4.6. Des maladies tropicales négligées

Maladies	Impacts de la maladie	Facteurs bio-socio-épidémiologiques	Moyens de lutte
La Lèpre	une prévalence de 0,25 cas pour 10 000 habitants		N'est plus un problème de santé publique. L'Etat s'intéresse à la réinsertion sociale des personnes handicapées
L'Ulcère de Buruli	Les victimes sont en majorité les enfants de moins de 15 ans. Sites endémiques : Ayos, Akonolinga, Mbalmayo, Bankim, Mbonge des régions du Centre, de l'Est et du Sud-Ouest.		
L'Onchocercose ou Cécité des Rivières	Endémique dans toutes les régions du pays. Population exposée 62 p. 100 ; Population infectée 40 p. 100 de la population exposée.		distribution de l'Ivermectine avec une couverture thérapeutique nationale de 70% en moyenne ; lutte anti vectorielle

Maladies	Impacts de la maladie	Facteurs bio-socio-épidémiologiques	Moyens de lutte
Trypanosomiase Humaine Africaine	Foyers actifs : Campo et Bipindi, Fontem et Mamfé; Mbandjock et Doumé Prévalence 0,2 p. 100		
Le Ver de Guinée	Indemne		Sous surveillance
Les Schistosomiases	Les enfants âgés de 6 à 15 ans sont les plus vulnérables. environ 10 millions de camerounais infectés.	Infections parasitaires liées à la pauvreté	

4.7 - La surveillance épidémiologique au Cameroun

Pour lutter contre les maladies transmissibles, la stratégie globale consiste à prendre en compte les multiples facteurs qui influencent les conditions écologiques et l'épidémiologie de nombreuses maladies. Ces facteurs peuvent concerner l'accroissement de la population, les activités de production, l'urbanisation rapide et souvent désordonnée, les migrations, les transports y compris les transports des vivres ou bétails, les situations sociales etc.

Les campagnes de masses, et la mise en place de certaines méthodes avec l'assistance de l'OMS (Kit contre le choléra par exemple, la formation des cadres de santé) ont souvent conduit à limiter les fléaux.

La surveillance épidémiologique des maladies transmissibles consiste : à étudier en permanence la distribution et la propagation des infections, à signaler les situations dangereuses, à réunir les données exactes, évaluées et communiquées, pour permettre les mesures de lutte. Ce travail a été mené pendant longtemps par l'OCEAC (Organisation Contre les Endémies en Afrique Centrale), d'autres études sont menées par des chercheurs de l'Institut Pasteur, ceux de l'IRD, des techniciens de la coopération, sans réelle coordination.

En réalité, il n'existe pas au Cameroun un institut ou une agence chargée de surveiller la dynamique d'une infection.

Conclusion

Le nombre et les variétés des maladies qui affectent la santé de l'homme sont particulièrement nombreux au Cameroun. Parmi ces maladies, les grands fléaux sont davantage concernés par le VIH/Sida, le Paludisme et la Tuberculose. Ils apparaissent singulièrement pathogènes du fait des propriétés qui renvoient aux agents de transmission (virus - Parasite- Bacille), de leurs spécificités biologiques et physiologiques, et aux conditions sociales, climatiques et géographiques qui leurs sont offertes. Ils se diffusent et se propagent en fonction de la situation des individus et de leur relation avec l'espace géographique. Ces grandes endémies et les autres, établissent et dessinent pour le Cameroun, un paysage épidémiologique dont la complexité conduit à saisir les faits et les processus épidémiologiques en action dans le pays. Ces faits et processus traduisent globalement le potentiel épidémiologique général des maladies. Ils expliquent par le niveau combiné des taux de prévalence élevé, le *péril épidémiologique* camerounais.

Chapitre 5 : Rythmes et croissances

5.1 – Transition démographique

Le rythme de croissance démographique du Cameroun attire l'attention sur l'évolution des taux de natalité et de mortalité.

La première série sur l'évolution du taux de natalité indique deux périodes remarquables. Une première période qui commence en 1975 où le niveau du taux de natalité est particulièrement élevé, soit 45,2 p. 1000, et une période qui commence en 2009 où ce niveau de taux amorce sa tendance à la baisse : 36,6 p. 1000 en 2009 et 32,49 p. 1000 en 2012

La deuxième série sur l'évolution du taux de mortalité attire l'attention sur trois dates. Le niveau le plus élevé est enregistré en 1960 (22,4 p. 1000), puis une première grande baisse en 1990 (13,9 p. 1000) et le niveau le plus bas en 2012 (11,66 p. 1000).

Même si globalement le nombre de naissances croit de façon constante dans le temps du fait de l'accroissement de la population, le niveau de la natalité, mesuré par le taux brut de natalité, est en baisse continue depuis 1976 comme on peut le voir sur la courbe ci-après. Cette baisse varie sur le plan géographique et semble davantage marquée en milieu urbain qu'en milieu rural. Parallèlement, comme nous l'avons déjà vu au premier chapitre, la baisse constante de l'indice synthétique de fécondité (ISF) depuis 1976 semble montrer que le Cameroun a amorcé durablement la phase de la baisse de la fécondité sur le plan national.

Graphique 7 : Taux brut de (natalité------ ; mortalité ------)

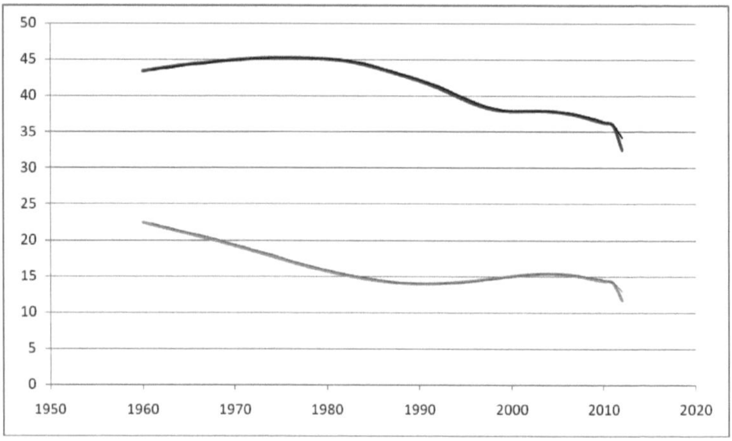

La mortalité, bien qu'en régression, demeure encore élevée. Le taux brut de mortalité est passé de 22,44 p. 1000 en 1960 à 11,66 p. 1000 en 2012.

Le Cameroun est dans sa première phase de transition démographique, c'est-à-dire que le pays est entré dans une période où il passe des niveaux les plus élevés des taux de natalité et de mortalité à leurs niveaux les plus faibles. Dans cette phase de transition où la baisse de la mortalité précède la baisse de la fécondité, la population croît de façon rapide comme c'est le cas actuellement au Cameroun.

La baisse rapide de la mortalité a fait passer l'espérance de vie de 36 ans à plus de 50 ans en seulement moins d'un demi-siècle. Parallèlement, la baisse continue de la fécondité contribue à réduire la proportion des enfants dans la pyramide des âges. Cette double évolution impacte sur l'économie et modifie l'action sociale.

D'une part, sur le plan économique, la population active tend à croître, alors que la population inactive dépendante de cette population active baisse (notamment les jeunes scolarisables et les personnes âgées) ;

D'autre part, au lieu que cette double baisse soit un gain démographique pour le pays, le Cameroun a au contraire connu un renforcement de la dépendance de sa population inactive vis-à-vis de la population active. Une situation qui conduit à une augmentation des besoins en investissements sociaux, au détriment des investissements économiques créateurs de richesses.
Mais bien sûr que le pari sur l'évolution future de la population du Cameroun, dépend fortement des déterminants dont on ne sait pas encore très bien mesurer les impacts sur la population. On conjecture par exemple que l'évolution de l'espérance de vie à la naissance, en présence des grands fléaux épidémiques, serait différente de son évolution en l'absence ceux-ci. Bien sûr que les effets du paludisme, de la tuberculose et surtout ceux du VIH/SIDA sur la mortalité sont connus. Ils doivent être pris en compte dans la réduction des incertitudes. Dans les études, l'évolution de la migration internationale n'est pas toujours prise en compte. Le solde migratoire étant mal connu, est abusivement considéré comme nul, avec pour corollaire que le pays n'interviendrait pas dans la migration internationale. Et que dire des apports de la diaspora ? Tous ces paramètres jouent indiscutablement sur l'estimation de la population future.

5.2 – Indicateur de développement humain

L'indicateur de développement humain est un indice composé qui mesure la qualité de vie moyenne de la population. Variant de 0 à 1, cet indice prend en compte trois dimensions du développement humain qui sont :

- la possibilité d'avoir une vie longue et en santé en se fondant sur l'espérance de vie à la naissance ;
- le niveau de scolarisation, évalué à partir du taux d'analphabétisme et de la fréquentation des différents niveaux du système scolaire ;

- le standard de vie calculé à partir du Produit Intérieur Brut per capita, en tenant compte de la parité du pouvoir d'achat.

Tableau 5 : Evolution de l'indicateur de développement humain au Cameroun

1980	1990	2000	2005	2009	2010	2011
0,37	0,43	0,43	0,45	0,48	0,48	0,49

L'indice de développement humain bien qu'en constante évolution au Cameroun depuis 1980 reste à un niveau relativement faible. Soit 0,49 en 2012 (en dessous de la moyenne mondiale évaluée à 0,63).

On sait manifestement que l'éducation constitue un investissement utile pour les individus qui la reçoivent, et qu'elle contribue à déterminer leurs conditions économiques et sociales dans leur vie d'adulte. Par ailleurs, les capacités scolaires demeurent toujours limitées par les possibilités de financement et malheureusement, tous les individus n'atteindront pas toujours le niveau scolaire le plus élevé. Il est donc important que des chances de scolarisation aussi égales que possibles soient offertes à tous les jeunes pour assurer, non pas l'égalité, mais l'équité inter-individuelle. La situation du Cameroun sur cette question présente des différences importantes selon le sexe, et des disparités significatives selon la région de résidence. La proportion de la classe d'âge qui atteint la dernière classe de l'enseignement secondaire est d'environ 6,6 p. 100 pour les filles et d'environ 11,3 p. 100 pour les garçons. Selon les régions, la distribution des taux d'achèvement du deuxième cycle de l'enseignement général se présente comme suit : Centre (17,7 %), Littoral (14,9 %), Nord-Ouest (15,6 %), Est (2,6 %), Extrême-Nord (2,1 %), Nord (3,7 %).

D'après les données issues des enquêtes ECAM et MICS, une analyse de la distribution des chances scolaires selon le revenu familial montre que

contrairement à ce qui est observé dans le primaire, les enfants appartenant à des familles des catégories les plus pauvres de la société, sont déjà très peu présents dans le premier cycle de l'enseignement général, près de la moitié des effectifs proviennent des catégories le plus favorisées. Ensuite, au niveau du deuxième cycle secondaire, les chances s'amenuisent pour qu'il n'y ait dans le supérieur pratiquement que des jeunes des catégories les plus riches de la population.
Ces données factuelles donnent l'image d'un système éducatif dans lequel les inégalités sociales sont tout à fait substantielles, en particulier au-delà de l'enseignement primaire et de façon croissante à mesure que l'on monte dans l'échelle scolaire.

5.3 – Développement des grandes infrastructures

Les infrastructures jouent un rôle primordial dans la facilitation des échanges, et soutiennent la croissance économique d'un pays. Avec la crise des années 90, le parc infrastructurel du Cameroun s'est fortement dégradé. Les investissements existants apparaissent insuffisants au regard des enjeux de développement attendus. La consommation d'énergie par unité de PIB reste faible (30 p. 100 en 2010) ; l'accès à l'eau potable demeure insuffisant en milieu urbain (moins de 30 p. 100), et particulièrement limité en milieu rural; le nombre de kilomètre de routes bitumées est encore faible (0,27 p. 1000) tout comme le nombre de kilomètre de chemin de fer (0,06 p. 1000) ; et de la même façon, le nombre de lignes téléphoniques est aussi faible (10 p. 1000). Le phénomène d'urbanisation s'est particulièrement ralenti et le taux d'urbanisation n'est que de 50 p. 100. Parallèlement, le nombre de kilomètres de voiries urbaines construites est aussi insuffisant (moins de 60 km).

Le réseau de transport camerounais apparaît peu optimisé. Ses limites impactent sur le rendement des services. Son état appelle à investir massivement dans : - le dragage du chenal d'accès au port de Douala ; - l'entretien des sites aéroportuaires; - la réhabilitation du réseau ferroviaire ; - la restauration des voies navigables.

L'état des infrastructures urbaines appelle à des travaux d'entretien, de réhabilitation, à leur amélioration, et à leur développement, à la maîtrise d'une politique d'occupation des sols. Le réseau de collecte et d'évacuation des eaux usées est quasi inexistant.

5.4 – Les besoins de la population

Le défi majeur lié à la forte croissance démographique est l'augmentation de la demande des besoins économiques et sociaux : - Assurer à chaque ménage un travail lui procurant un revenu monétaire ; - assurer à chaque ménage un logement décent à la mesure de sa taille ; - développer et étendre les infrastructures de réseau pour que les ménages aient accès à l'énergie électrique, à l'eau potable et à l'assainissement sont des responsabilités que l'Etat est appelé à assumer.

5.4.1 - Besoins économiques

Dans le contexte de crise alimentaire et financière, il est apparu très tôt en 2005 que le secteur agricole du Cameroun était malade. Sur le plan structurel, le pays devenait incapable de nourrir sa population et de nombreuses contraintes bloquaient la production. Les facteurs de ce blocage renvoyaient au vieillissement de la population rurale, aux difficultés d'accès à la terre, aux difficultés d'accès aux intrants comme les engrais et les semences améliorées, aux difficultés d'accès aux techniques agricoles modernes, aux autres innovations

de la recherche agronomique, aux difficultés d'accès au crédit et à l'insuffisance des infrastructures d'appui au développement du secteur rural, telles que les pistes et les routes.
Malgré de nombreuses mesures prises pour réduire le niveau de la pauvreté au Cameroun, un rapport de l'ONU établit qu'en 2012, peu de progrès vers l'élimination de la pauvreté et la faim au cours des dix dernières années ont été fait. La proportion de la population vivant en-dessous du seuil de pauvreté oscille toujours au même niveau de 40 p. 100 depuis 2001, et l'insécurité alimentaire n'a toujours pas amorcé sa tendance à la baisse. On note des disparités géographiques très inquiétantes. Dans la grande région septentrionale où réside près de 30 p. 100 de Camerounais, 81 p. 100 de ménages ruraux sont dans une situation d'insécurité alimentaire. D'autres inégalités sociales placent les prisonniers camerounais parmi les catégories où l'insécurité alimentaire est très forte.

Et pourtant, de nombreuses entreprises d'exploitation de ressources naturelles implantées au Cameroun réalisent de profits énormes. Mais ces profits ne sont pas toujours réinvestis sur place pour améliorer la situation des travailleurs et leurs conditions sociales. Au contraire, l'essentiel de ces profits sont expatriés hors du pays et orientés dans des circuits financiers pour être maximisés.

L'Etat pourrait réfléchir à la possibilité de prélever une partie de ces profits pour les allouer à l'amélioration des conditions de vie des ménages.

5.4.2 - Besoins sociaux

Si en 1976, le Cameroun comptait **1 371 352** ménages, ce nombre est passé à **2 098 730** en 1987, puis à **3 391 817** en 2005. Et le taux d'accroissement des ménages qui était de 3,9 entre 1976 et 1987 n'est plus que 2,6 depuis la période 1987 – 2005, avec des disparités très prononcées entre le milieu rural et le milieu urbain. Le nombre de ménages évalué à 3 947 817 en 2010 dépasseraient les 4 millions en 2012.

Dans le domaine du logement, le patrimoine immobilier en termes de maisons à usage d'habitation n'est pas encore maîtrisé. Chaque ménage se trouve certes dans une habitation mais les besoins réels en logement demeurent difficiles à évaluer. On retiendra que la fréquence de la sur-occupation des logements, de la cohabitation des ménages, des logements indécents, des taudis des bidonvilles traduit des demandes de logements insatisfaites. Le parc immobilier camerounais a besoin de 4 millions de logements en 2012.

Dans le domaine de l'assainissement, très peu d'habitations sont raccordées au réseau d'égouts et l'accessibilité au service de ramassage d'ordures ménagères n'est pas toujours optimale. Les ménages sont équipés de systèmes individuels, comme les latrines traditionnelles ou latrines à fosses étanches pour évacuer leurs eaux usées. D'autres habitations ne disposent d'aucun système d'assainissement de base.

Dans le domaine de l'habitat, la durabilité des matériaux utilisés permet d'évaluer le standing du logement et donc de se faire une opinion sur la qualité de vie. On distingue les habitats à matériaux précaires (20 p. 100), des habitats à matériaux durables (34 p. 100). D'autres habitats combinent les deux types de matériaux (46 p. 100).

Dans le domaine de l'accès à l'eau, les grandes villes apparaissent bien couvertes, mais la qualité de l'eau soulève des interrogations. En milieu rural, le problème de l'eau persiste. Il renvoie à sa potabilité et à sa disponibilité.

Depuis une quinzaine d'années, le nombre de centres de distribution d'eau en milieu urbain n'a pas évolué, soit 105 au total. Leur distribution spatiale se répartit comme suit :

la région du Centre vient en tête avec 26 centres, suivie du Littoral (13 centres), de l'Ouest (12 centres), de l'Extrême-Nord et du Nord-Ouest (11 centres chacune). Les régions de l'Adamaoua et du Nord réunies comptent 10 centres, le Sud-Ouest (9 centres) et le Sud (7 centres).

Dans le domaine de l'accès à l'énergie électrique, le taux d'accès des ménages à l'électricité est en constante évolution : 22,4 p. 100 en 1987 ; 50,2 p. 100 en 2005 ; et plus de 60 p. 100 en 2012. Cependant, le Cameroun enregistre une offre insuffisante devant une demande toujours croissante. Et pourtant, le potentiel hydraulique du pays estimé à 12.000 MW par an n'est que très peu exploité.

Dans le domaine de l'éducation, la demande potentielle d'éducation primaire (population scolarisable de 6-11 ans et de 6-14 ans) est en constante augmentation, et la population d'âge scolaire de 6 à 11 ans qui était de 2.825.995 d'enfants en 2005 est passée à 3 237 952 en 2011. S'agissant de la population scolarisable âgée de 6 à 14 ans, leur nombre qui était de 4.095.011 en 2005, est estimé à 4.674.665 en 2011.

Les régions de l'Extrême-Nord, du Centre, du Nord, du Littoral, du Nord-Ouest et de l'Ouest enregistrent les effectifs parmi les plus élevés de la population scolarisable. Elles concentrent à elles seules plus de 80 p. 100 de la demande potentielle d'éducation primaire. Avec moins de 6 p. 100 chacune, les régions de l'Adamaoua, de l'Est et du Sud, sont celles qui ont les plus faibles effectifs de population scolarisable.

En matière de scolarisation, des progrès notables ont été réalisés depuis les années d'indépendance. Le taux net de scolarisation du primaire est passé de 64,8 p. 100 en 1976 à 73,1 p. 100 en 1987 pour s'établir à 75,1 p. 100 en 2005. Ce taux présente des disparités importantes entre les garçons et les filles. La période 1987-2005 a été

marquée par une quasi-stagnation du taux de scolarisation en raison de la sévère crise économique qui a frappé le pays entre 1985/86 et 1994/95.
Mais les besoins sociaux en infrastructures scolaires semblent croître en fonction de la charge démographique.

Dans le domaine sanitaire, il est établit au Cameroun que depuis 1991, les taux de mortalité infantile et juvénile dépassent le niveau de 75 p. 1000. De la même façon, le taux de mortalité infanto-juvénile dépasse 150 p. 1000 dans la même période. Il apparait ainsi un tableau sanitaire très préoccupant lié en partie à la crise des années 90 (arrêt des constructions et d'acquisition d'équipements de formation sanitaires, gel de recrutement des personnels de santé etc ...), à la persistance du paludisme et à la montée de la pandémie du VIH/SIDA. L'offre de santé n'a pas été à la hauteur des enjeux, et pourtant celle-ci reste intimement liée au développement social et à la croissance économique. Le ratio Population/Centre de santé est passé de 2648 en 2008 à plus de 7600 en 2012, exprimant ainsi des conditions très préoccupantes de l'offre de soins. Par ailleurs une disparité géographique de cette offre se traduit concrètement par des inégalités régionales en termes de centre de soins :

- des régions à fortes charges démographiques : Nord (1 centre pour 11 906 habitants), Extrême-Nord (1 centre pour 11 744 habitants) et le Littoral (1 centre pour 11 439 habitants) ont les charges démographiques les plus élevées en 2011 ;
- Régions à faibles charges démographiques : Sud (1 centre pour 3 796 habitants), de l'Ouest (1 centre pour 4 744 habitants) et de l'Est (1 centre pour 5 171 habitants).

5.4.3 - Besoins de protection sociale

Dans le **domaine de l'emploi,** les jeunes âgés de 15 à 34 ans sont particulièrement concernés par le problème du chômage. Le taux de chômage dans le groupe s'élève à 31,9%.et il est également réparti selon le sexe (32,2 p.100 chez les femmes contre 31,6 p. 100 chez les hommes). Dans le même groupe cependant, on assiste à une disparité spatiale du chômage faisant valoir en milieu urbain un taux de 46 p. 100 contre 15,6 p. 100 en milieu rural.

Le chômage des jeunes au Cameroun est exacerbé par l'inadéquation entre la formation qu'ils ont suivie et les besoins réels du marché du travail. Dans le passé, les diplômés de l'enseignement supérieur trouvaient très facilement un emploi dans les secteurs publics et privés. Aujourd'hui, la Fonction publique recrute très peu. Dans le secteur privé, les opportunités d'emploi sont également restreintes car les formations reçues par ces jeunes, ne cadrent pas toujours avec les besoins des entreprises. Les nouveaux entrants sur le marché du travail, avec une formation inadaptée et une faible expérience professionnelle, mettent beaucoup plus de temps à trouver un emploi et se retrouvent ainsi à exercer des emplois qui ne correspondent ni à leurs aspirations, ni à leur profil académique. Une réforme du système d'éducation et de formation des jeunes ainsi qu'une plus grande information sur les opportunités du marché du travail pourraient réduire l'inadéquation entre les formations reçues et les besoins exprimés par les employeurs.

Le chômage n'est pas le seul problème auquel sont confrontés les jeunes. Pour ceux d'entre eux qui ont un emploi, il est important de s'intéresser aux conditions dans lesquelles ils exercent leurs activités économiques. Pour beaucoup de jeunes femmes et de jeunes hommes, le travail décent est rare. Face aux difficultés d'accès à un emploi décent, ces jeunes restent dépendants de leur famille, ou sont contraints de travailler dans le secteur informel.

Dans le **domaine de l'assurance,** il n'existe pas au Cameroun de système de protection généralisée. Cependant, et dans la pratique, Il coexiste deux systèmes dont l'un est de nature contributive, et l'autre qui ne l'est pas.
Le système contributif actuel repose sur deux régimes qui renvoient d'une part, aux travailleurs des catégories de la Caisse Nationale de Prévoyance Sociale (CNPS) ; et d'autre part, au régime des Fonctionnaires et assimilés, géré par l'Etat. Toutefois, seuls les fonctionnaires et agents de l'Etat, ainsi que les travailleurs des structures privées et parapubliques affiliés à la CNPS, bénéficient des avantages offerts par la sécurité sociale.
Et pourtant, l'économie camerounaise se pratique pour l'essentiel à 90 p. 100 dans l'informel. C'est donc dire combien il est difficile pour nombre de travailleurs de bénéficier d'une prise en charge en cas d'accident ou de maladie, et aussi de faire valoir des droits à la retraite.
Le système non contributif de protection sociale relève de l'assistance sociale générale, de l'assistance judiciaire et des mesures spécifiques en faveur de personnes vulnérables. Cette assistance dépend du ministère en charge des affaires sociales, avec quelques délégations dévolues aux collectivités territoriales décentralisées, à l'exemple des communes.

Entre ces deux systèmes, il existe un système volontaire, géré par les banques et les compagnies d'assurances, dans lequel il faut avoir cotisé pour bénéficier d'une couverture sociale.
Sinon, les travailleurs s'organisent comme ils peuvent en ayant recours à des systèmes alternatifs communautaires privés de micro-finance, et par d'autres voies de mécanismes d'entraide, relevant des systèmes de solidarité traditionnelle.

5.5 – Transition épidémiologique, Transition sanitaire.

Dans les sociétés où le progrès social et le progrès économique sont des réalités vécues, les populations ont vu leur espérance de vie croître en raison des conditions de travail et de vie favorables à la santé et notamment celle des enfants. Si dans ces sociétés le progrès médical a été décisif, il n'a pas joué seul. Ce rôle est dépendant de celui de l'instruction rendue obligatoire, et parfois gratuite (France). Ce double progrès médical et d'éducation a conduit à lutter efficacement contre les maladies infectieuses et transmissibles.

Dans un environnement dominé par la prégnance du paludisme, de la tuberculose et du VIH/SIDA pour ne pas citer d'autres maladies tropicales, le Cameroun s'est trouvé confronté à un *péril sanitaire* ou *épidémiologique* de grande portée. Le pays n'a pas su profiter de la baisse de la mortalité et de la convergence de l'espérance de vie (transition démographique) amorcé au début des années 80. On a au contraire assisté du fait du VIH/SIDA à un retournement de la situation où l'espérance de vie s'est effondrée passant de 54 ans à 47 ans, puis à 45 ans vers la fin de la période et au début des années 90.

Il faut dire que la mortalité infanto-juvénile diminuait au Cameroun depuis les années de l'indépendance, et malheureusement, l'épidémie du VIH/Sida, particulièrement violente, a également provoqué une forte montée de la mortalité infantile au début des années 90.

Les conséquences de la crise des années 90 sur l'espérance de vie ne sont pas prouvées. Le VIH/Sida pourrait apparaître pour le Cameroun le facteur le plus violent de la déviation de la transition épidémiologique. Les récentes décroissances observées des taux de séroprévalence au VIH, apparaissent corrélées au redémarrage du niveau de l'espérance de vie.

Toutefois, le Cameroun a pris du retard en n'ayant pas su accélérer par des actions d'accompagnement, le progrès sanitaire déjà amorcé pendant les années 70. Fatalement, la remise en cause par le Sida des faibles acquis n'ont pas arrangé les choses, et le Cameroun est loin d'achever la seconde phase de sa transition épidémiologique au sens que lui donne Omran (Cf. Théorie en Annexe)'

Conclusion

La première phase de transition démographique au Cameroun s'explique par une baisse de la mortalité qui est essentiellement due : - à l'amélioration de l'hygiène et des progrès médicaux, - à une meilleure alimentation, au développement des systèmes d'assainissement, - à la création de réseaux de communication, - à la diminution des famines. Mais ces améliorations restent insuffisantes pour réduire l'écart qui sépare la situation du pays de la trajectoire de développement recherchée. De la même façon, la transition démographique s'explique aussi par les effets de la baisse de la mortalité. Des effets caractérisés par : - l'accroissement des capacités productives ; - l'envie d'entreprendre ; et l'envie d'épargner.

Sur le plan socio-économique, le Cameroun n'a pas amorcé la tendance à la baisse de son niveau de pauvreté. Les disparités géographiques du nombre de personnes vivant en dessous du seuil de pauvreté concernent davantage les régions septentrionales. Et pourtant, l'exploitation des ressources naturelles du pays n'a jamais été aussi forte. Il faut dire que cette exploitation est dominée par des entreprises étrangères qui pratiquent très souvent le rapatriement des ressources financières hors du pays, et maximise ainsi leur profit. Ces entreprises devraient davantage être taxées afin que les rentrées fiscales servent à corriger les différences sociales et les disparités géographiques liées à la pauvreté.

Sur le plan socio-épidémiologique, le Cameroun subit la déviation de sa transition épidémiologique, et les récentes décroissances observées des taux de séroprévalence au

VIH, apparaissent corrélées au redémarrage du niveau de l'espérance de vie. Toutefois, le retard pris dans le progrès sanitaire, pourtant déjà engagé dans les années 70 vers des sentiers favorables, semble indiquer que le Cameroun est loin d'achever la seconde phase de sa transition épidémiologique.'

On en vient au fait que les déterminants de développement sont de nature socio-démographique, socio-économique et socio-épidémiologique. Ces déterminants sont mobilisés au niveau global par leur mise en situation géographique, à partir de laquelle, des disparités permettent de situer les régions ou les lieux de l'espace où il faut agir en priorité. C'est dans chaque lieu identifié que persiste les risques. Risque socio-démographique de mortalité, risque socio-économique de crise alimentaire, risque socio-épidémiologique de péril sanitaire. Les réponses à apporter à chacun de ces risques constituent des défis pour le développement, et les convergences de ces ensembles de réponses renvoient aux enjeux du développement.

Chapitre 6 : Défis et enjeux de développement

L'on ne peut faire face aux nombreux défis qui se posent au Cameroun et aux enjeux de son développement, sans tenter de donner une cohérence à la définition de la notion de développement. Ce phénomène appelé développement demeure encore aujourd'hui mal défini. Nous pouvons le comprendre selon une conception que nous nous faisons du progrès humain. Dans l'arrière fond de la notion de développement se cache en réalité le modèle économique de production capitaliste. De fait, une critique de ce modèle laisse penser que le système capitaliste crée des besoins nouveaux qui, lorsqu'ils ne sont pas assouvis, génèrent le sous-développement. Ainsi, une vie heureuse peut apparaître concevable en dehors du développement. Mais la propension à évoluer des taux de mortalité et des taux de natalité, puis l'insuffisance et le manque des produits de première nécessité et d'alimentation, donnent une cohérence globale à la notion de développement. A ce titre, le développement renvoie aux déterminants des populations qui participent à l'amélioration des conditions de vie ; et corrélativement, le sous-développement fait état des déterminants qui réduisent les champs des possibles pour les peuples. Considérant ces critiques, le développement interroge sur les notions de ***besoins***, de ***progrès*** et de ***retard de développement***. Des notions qui relativisent le retard que les pays dits pauvres, pourraient avoir par rapport aux pays riches. Selon le modèle occidental, la trajectoire de développement passerait par la phase d'industrialisation avec une étape de spécialisation agricole. Et pourtant le sous-développement ne renvoie pas forcément à une sous-industrialisation. Le Cameroun doit-il nécessairement passer par les phases de spécialisation agricole et d'industrialisation pour se développer ? Non, bien que ces étapes soient indispensables, je ne le pense pas. En effet, selon la théorie des « *besoins essentiels* », le Cameroun sortirait d'une situation de sous-développement si les besoins fondamentaux des Camerounais en alimentation, en sécurité, en santé, en éducation ne venaient pas à manquer.

Le pays est confronté à des défis dans le domaine de la démographie, de l'économie, de la santé, des infrastructures, de l'éducation et de la formation. Dans chaque domaine, l'action doit viser à réduire les écarts à l'équilibre, à juguler les inégalités, et à adapter chaque système du domaine, à l'évolution du système économique et productif, dans un contexte mondial exposé à de grandes incertitudes. Les besoins essentiels et les déterminants du bien être devant assurer le progrès social sont à distinguer. La caractérisation des moments du temps que nous traversons et la caractérisation des espaces sur lesquels nous agissons en tant qu'acteurs économiques sont à mettre en lumière. Ces caractérisations donnent des indications sur les incertitudes et les risques à réduire dans un contexte empreint d'une grande dynamique des populations. La réduction concomitante de ces incertitudes et de ces risques devrait conduire le Cameroun à rattraper son retard de développement et se placer sur le sentier de l'émergence.

6.1 - Besoins essentiels et déterminants du bien être pour le progrès social

Cette question sur les déterminants du bien-être n'est pas simple à aborder en raison du caractère multidimensionnel de la pauvreté. La pauvreté étant définie par opposition au bien être au sens économique du terme. Très souvent, la notion de pauvreté est

appréhendée sous l'angle objectif du revenu monétaire dans une approche où l'on compare le niveau de revenu avec le niveau de consommation. Cependant, on ne peut ignorer la dimension subjective de la pauvreté, celle qui renvoie à la représentation que les ménages se font de la notion de la pauvreté et de la notion de condition de vie.
Au Cameroun, le lien entre le revenu monétaire et l'appréciation subjective du bien-être est très marqué parmi les populations les plus pauvres, et leur corrélation apparaît robuste. On peut s'interroger sur l'impact du niveau relatif du revenu, sur le bien-être et le rôle d'autres facteurs socio-économiques tels que la situation sur le marché du travail, l'environnement géographique, les lieux de vie, la vulnérabilité et l'exclusion sociale due au chômage peuvent également jouer.
Globalement, le niveau de vie a régressé sans discontinuer depuis 1970. Les déterminants pour l'expliquer renvoient à l'alimentation, à l'habillement, à la santé, à l'éducation et au logement.

6.1.1 – Le développement humain

Les expériences des pays tels que l'Indonésie, la Malaisie, le Maroc et la Tunisie tracent des trajectoires de développement qui sont des références sur lesquelles le Cameroun peut prendre appui. Les évolutions de ces pays sont semblables à celle du Cameroun jusqu'aux années 80. Les écarts relevés depuis sont des indicateurs de défis que le pays doit relever.

Le niveau de taux de croissance :
Dans les 4 pays cités ci-dessus, les taux de croissance sont des nombres à deux chiffres. Au Cameroun aujourd'hui, le taux de croissance économique n'atteint pas les 5 p. 100, mais les plus optimistes espèrent obtenir un taux autour de 6,7 p. 100 en 2012 et en 2013. Et sachant que l'économie camerounaise est dominée par le

secteur informel, ce niveau de taux apparaît très faible pour permettre la relance de la productivité sur le plan global. Et la question est de savoir comment relancer l'activité économique, relever la productivité et accélérer la croissance ?
Les idées retenues renvoient à l'amélioration de la performance économique du secteur manufacturier, aux gains de productivité susceptibles d'être générés par la mécanisation du secteur agricole et par l'intensification de ses activités, aux facteurs qui induisent une mutation structurelle de l'économie par un accroissement des investissements ; et enfin à la modification des priorités dans la structure du secteur d'exportation, notamment en augmentant la part des produits manufacturiers et en baissant celle des produits pétroliers très dépendants des risques des marchés mondiaux.

Education et Formation
Le déficit humain en matière de ressources humaines est très conséquent au Cameroun dans les domaines de la Santé et des Sciences et Techniques notamment. Aujourd'hui, le pays compte 7 médecins pour 100.000 habitants. Ce ratio du nombre de médecins doit être multiplié par 10 si le pays veut combler son retard de développement. Un effort comparable est attendu dans la formation des enseignants et des ingénieurs. Et le nombre d'apprenants dans les filières scientifiques de l'enseignement secondaire et supérieur doit être multiplié par 6.

Démographie
L'expérience des 4 pays ci-dessus cités suggère de maîtriser l'accroissement démographique en passant du niveau de taux de natalité de 2,8 p. 100 au Cameroun à un taux proche de 2 p. 100. Mais cet effort n'est possible que si le pays connaît un réel progrès social. Il s'agira alors de jouer sur les déterminants d'éducation de la jeune fille, de favoriser l'émancipation de la femme et d'encourager le planning familial.

Aujourd'hui, l'espérance de vie autour de 54,7 ans est encore faible. L'écart avec les niveaux espérés est de 15 ans. Et la question posée est celle de la réduction de la mortalité, et la mortalité infantile ou infanto-juvénile notamment.

Condition de vie

Les insuffisances en matière d'accès à l'eau potable, demandent d'agrandir de façon significative les capacités de leur stockage et de leur traitement.

Dans le domaine de la production de l'énergie électrique, la consommation actuelle par unité de PIB est de 28 p. 100. Pour réduire l'écart de développement, cette consommation doit être portée à hauteur de 35 – 40 p. 100 du PIB. La construction de nouveaux barrages hydraulique et la découverte de nombreux gisements de gaz devraient permettre d'améliorer la capacité énergétique du pays.

Dans le domaine de l'utilisation des techniques de l'information et de la communication, l'indice du Cameroun s'élève à 0,16 soit un niveau parmi les plus faibles. Pour réduire son écart et passer à un indice variant entre 0,4 et 0,5 le Cameroun doit multiplier par 5 le nombre de lignes téléphoniques et accroître la couverture du réseau de téléphonie mobile.

Au niveau du développement des infrastructures de transport, le réseau routier bitumé, évalué aujourd'hui à 10 p. 100 est très insuffisant et doit être porté à hauteur de 32 ou 35 p. 100. Le réseau de chemin de fer demande à être amélioré, modernisé et adapté au transport des personnes et des marchandises, notamment le transport des minerais disponibles dont l'extraction contribuerait à donner au Cameroun un essor industriel remarquable. Le développement du transport maritime par une amélioration des infrastructures du port de Douala, et par la construction des ports en eaux profondes de Kribi et de Limbé devrait renforcer la position stratégique du Cameroun et asseoir son intégration dans la sous région.

Sur la qualité de l'habitat, on sait aujourd'hui que le logement précaire représente plus de 75 p. 100. Il faut inverser la tendance pour le ramener à 25 p. 100.

La sécurité sociale

Le système de sécurité sociale au Cameroun est marginal et ne concerne qu'une proportion encore très faible des travailleurs, et parmi eux, les fonctionnaires et les travailleurs dont les employeurs sont affiliés à la Caisse Nationale de Prévoyance Sociale. Le système demande donc à être élargi simultanément, et de façon progressive, à toutes les couches de la population, et avec une couverture des risques sociaux plus grande.

6.1.2 – Le développement solidaire

Dans le développement solidaire, il y a l'idée d'une volonté d'aider les autres et de mettre en œuvre un peu plus d'égalité entre les humains. Autour de la question d'aide, des formes différentes de solidarité sont davantage visibles à différentes échelles géographiques. Au niveau international, l'aide se manifeste par des dons de nourriture, d'argent, et aussi par des aides médicales et matérielles ; au niveau national et local, l'aide s'appuie sur les impôts et les services sociaux des communes ; au niveau d'un établissement, l'aide prend la forme de soutien à des personnes en difficultés.

D'autres formes de solidarités moins visibles côtoient les solidarités visibles et touchent l'individu au plus près dans son quotidien. Elles se développent davantage aujourd'hui avec la mondialisation et depuis que le Cameroun est entré dans une crise durable.

Ces formes de solidarité suggèrent de reconnaître chaque Camerounais comme membre d'une même communauté de destin. Au sein de cette communauté, ce qui domine, c'est le souci du Camerounais différent de soi, mais logé à la même enseigne que soi, et lié à soi par un même risque à prendre ensemble dans un environnement fait d'incertitudes.

Au sein du Cameroun perçu en tant que communauté d'un même destin pour les populations qui le composent, on ne peut pas penser la solidarité aujourd'hui sans regarder ***les expériences du passé*** qui associent les individus aux situations d'exclusions ou d'inégalités. Partout où les populations camerounaises ont ressenti des injustices, des inégalités ou des exclusions, elles ont réagi en s'organisant solidairement. A ce titre, et compte tenu de son impact social aujourd'hui, l'expérience d'organisation de solidarité chez les Bamiléké me semble particulièrement indiquée à considérer comme microcosme. Une solidarité qui allie paradoxalement '*individualisme*' et '*vie communautaire*'.

En effet, le sentiment de solidarité chez ces peuples des régions de l'Ouest Cameroun, résulte d'un contexte historique fait de violences ou d'exclusions, dans le temps et à chaque étape où le contexte s'est transformé, ces peuples ont su s'adapter pour faire face aux différentes violences auxquelles ils étaient confrontés. Vivre et ressentir l'exclusion conduit au sentiment de solidarité. Et la pratique de la solidarité donne lieu à des formes d'organisation dont le but principal est de réduire le niveau des «*exclusions ressenties*».

Pendant la période précoloniale, à la suite des guerres et/ou des migrations qui ont entraîné des clivages entre des communautés de vie, plusieurs peuplements se sont établis dans les régions des savanes et les plateaux. Et pour faire face aux différentes conquêtes et guerres inter tribales, des chefferies et des royaumes ont vu le jour. Les chefferies et les royaumes sont l'expression des organisations sociales solidaires.

A la fin du XIXe siècle, la conquête coloniale européenne au Cameroun introduit un nouveau rapport entre les colonisateurs et les populations installées. De grands bouleversements modifient la géographie sociale des peuples : – les populations des zones de forêt migrent vers les zones situées le long des routes pour desservir les agglomérations ou faciliter l'évacuation des produits vers la mer ; - parmi ces populations, les plus jeunes et les plus robustes sur le plan physique sont particulièrement concernés, - leurs droits à la liberté, au travail et au salaire sont bafoués. Le sentiment d'exclusion qui va naître conduira ces populations à mettre en place des systèmes d'**entraide**, et à partir desquels s'élèvera une conscience de générosité que l'on a appelé esprit de solidarité.

Après l'indépendance, les formes d'exclusion sociale déjà observées pendant la période coloniale au Cameroun vont subsister, voire même se prolonger. Certaines populations auront des contacts privilégiés avec les colonisateurs en raison de leur localisation géographique à proximité des côtes. Ces populations bénéficieront en premier de la scolarisation, du travail salarié et des infrastructures de développement. Des privilèges qui vont entrainer la formation d'une élite instruite.

L'introduction et le développement de la culture du café dans les régions de l'Ouest et dans le Mungo va se heurter au problème de la rareté des terres cultivables et à celui du surpeuplement du fait de la pression démographique. Face à ce problème, de nombreuses populations rurales, abandonnent leur terroir et se dirigent vers la zone forestière du littoral, afin d'acquérir de nouvelles terres ou pour y devenir des salariés agricoles dans les plantations européennes, et le cas échéant, ils cherchaient un emploi dans l'administration en milieu urbain.

Dans cette même période, entre 1958 et 1963, plus de 300.000 Bamiléké migrent vers Douala et le Mungo. Un exode qui va modifier considérablement le paysage du peuplement de la région et contribuer à la formation d'un «prolétariat urbain» dans les quartiers Congo et New Bell de Douala. Dans les itinéraires de ces migrants, les intégrations en tant que planteurs ou ouvriers agricoles dans le Mungo se font sans difficultés ; mais les entrées dans l'administration sont difficiles, et quand elles sont possibles, elles sont lentes. Ces difficultés tenaient principalement à leur faible scolarisation, et à la préférence de la classe dirigeante administrative de l'époque de retenir en priorité les personnes nées sur place.

Confrontés à ces difficultés, les Bamiléké exploitent d'autres possibilités, et se lancent notamment dans l'exercice du commerce. Ils associeront à leur démarche idéologique, des mécanismes de solidarité de la société traditionnelle[34] Ils développeront des stratégies d'acquisitions des comptoirs commerciaux abandonnés par les européens, et deviennent des petits patrons au détriment des populations nées sur place. Avec le temps, ils vont généraliser ces éléments d'entraide au sein des familles, des quartiers, et des communautés. Ils verront s'améliorer leur situation sociale et leur niveau de vie. Corrélativement, leur niveau d'exclusion s'en trouvera réduit.

En effet, la solidarité telle qu'elle est construite dans la démarche Bamiléké, pousse à aller au-delà des schémas qui entérinent les inégalités au sein d'une communauté de destin, et oriente vers une notion du partage. La solidarité s'inscrit alors dans l'ordre de la construction d'une humanité où des possibilités de réduction des exclusions sont vraisemblables.

---

[34] Voir notamment [GESCHIERE et KONINGS, 1993]

6.1.3 – Le Co-développement

Le terme de Co-développement apparaît en 1981 au moment où l'on recherchait une cohérence entre les politiques de développement des pays désireux de coopérer. Il est lié à toute action de développement dans laquelle s'implique un migrant, quel que soit la nature et les modalités de cette implication. Autrement dit, le Co-développement est l'action qui favorise la contribution des migrants dans le développement de leur pays d'origine. Au-delà du rapport de solidarité, le Co-développement établit un lien juridique et économique entre les individus des collectivités situées à des espaces géographiques différents. Mais s'agissant du cas du Cameroun, le rapport de solidarité et ces liens de Co-développement soulèvent des questions. Les règles et pratiques de gouvernance en vigueur dans la société camerounaise sont-elles justes et acceptables? Les Camerounais ont-ils suffisamment confiance, non seulement dans les règles établies, mais aussi envers les dirigeants qui instaurent les lois et à ceux qui les appliquent ? En réalité, le manque de confiance et l'inquiétude que l'on peut ressentir dans le pays traduit en effet l'idée que l'agir solidaire naît de la prise de conscience des inégalités sociales. Et c'est par ce qu'il y'a des inégalités sociales que l'on peut également s'interroger sur la justice sociale et la justesse des règles. Car la justesse des règles nous renvoie inéluctablement à leur application et à l'éthique. Parler de «l'agir solidaire» c'est aussi prendre en compte le dysfonctionnement éthique (corruption) à un niveau local, dans la société où l'on habite, mais aussi à un niveau qui s'étend entre le Cameroun et les lieux de vie des membres de la diaspora. Tels sont les enjeux du Co-développement aujourd'hui.

Au Cameroun, nous l'avons vu, l'état d'urgence renvoie à la situation de l'eau, à celle de la santé, de l'éducation, du commerce, de l'énergie, de l'agriculture, et de sa démographie. Toutes ces questions sont au cœur de la bataille pour une société plus juste, en adéquation avec les objectifs du millénaire, objectifs qui visent à réduire de moitié la pauvreté dans le monde d'ici à 2015. Des idées sont lancées, mais sans dire comment on y arrive. L'aide publique au développement des pays riches a montré ses limites. Selon la conception néolibérale dominante, l'action de Co-développement renvoie à toute politique du développement par l'ajustement de chaque société au marché mondial, régulé par le marché mondial des capitaux. Selon la conception anti-systémique ou altermondialiste il s'agit surtout de proposer une orientation alternative à partir de l'accès pour tous aux droits fondamentaux. Cette conception du développement implique l'articulation entre les différents niveaux, local, national, grande région et mondial. De ce fait le Co-développement découle de l'accès aux droits pour tous, à chaque échelle où peut se faire une redistribution des richesses.

La question principale qui reste posée aujourd'hui est celle de la place de la diaspora camerounaise dans l'action de développement. Depuis 1997, à la suite des travaux initiés par Jean Pierre Chevènement, ministre de l'intérieur français sous le gouvernement Jospin, un rapport de Sami Naïr montre que l'on sait évaluer aujourd'hui les capacités intellectuelles et financières des migrants résidants en France au service de leur pays d'origine.

Les migrants d'origine camerounaise vivant en France ou ailleurs en Occident se regroupent très souvent au sein des milieux associatifs. Des associations nationales ou internationales porteuses de propositions de partenariat avec les collectivités locales et qui de fait, deviennent des alternatives de coopération de société à société.

6.2 – Le temps, l'espace et les populations

6.2.1 - Le temps des incertitudes

Situations d'équilibres et ordre naturel

De par sa position géographique et son milieu physique, le Cameroun jouit des richesses naturelles inestimables. Son relief contrasté fait valoir les basses terres, les plateaux, les monts et des régions côtières qui ouvrent le pays sur le reste du monde. Son climat varié alterne quatre saisons dont les incidences sur les productions agricoles sont sans égales en Afrique. Son hydrographie revêt un caractère très diversifié et apparaît particulièrement influencée par le rythme des saisons. Partout où elle est présente, elle permet ainsi l'irrigation des terres qu'elle nourrit et stimule pour des meilleures productions. Elle est également une source d'approvisionnement en eau pour l'élevage et la pêche. Les productions agricoles sont nombreuses. On ne saurait les dénombrer de façon exhaustive, elles concernent d'abord les cultures vivrières souvent destinées à l'autoconsommation des familles.

Les différentes dégradations offertes par la végétation camerounaise décrivent un paysage dont certains lieux sont favorables à des types particuliers de cultures (intensives ou extensives), à des types recommandés de pâturages (transhumance, nomadisme, etc). D'autres lieux apparaissent favorables à la chasse, à la pêche et à la cueillette. Des lieux en apparence difficiles d'accès en raison de la présence des mangroves, apparaissent comme des régions privilégiées de la présence d'énergie fossile.

Le sous-sol du Cameroun détient par ailleurs des blocs de granite qui cachent des dépôts sédimentaires d'origine volcanique. Ils concentrent des minéraux de base et des matières précieuses à forte valeur économique. Elles sont présentes en grand nombre et de façon diversifiée. Elles sont inexploitées et semblent aujourd'hui attirer la convoitise de nombreuses industries étrangères. Elles concernent particulièrement de l'or, très présent sous diverses formes en concentrations alluviales et éluviales dans de nombreuses régions du pays, notamment à l'Est où on retrouve également le diamant. De vraisemblables grandes zones d'activités minières demeurent non exploitées et le potentiel de production apparaît inestimable au regard de l'étendue des possibilités offertes.

De 1960 à 2012, la population camerounaise a évolué à raison géométrique. La taille de la population dépend de l'indice synthétique de fécondité sur lequel le facteur culturel joue un rôle important. Le peuplement des régions obéit à des logiques qui renvoient souvent au rôle de certains pôles d'activités[35].

De par la présence de multiples ressources naturelles dont regorge le Cameroun, et malgré la croissance géométrique de sa population, les rapports que l'on peut établir entre les collectivités et les activités productives possibles demeurent infinis. Cette affirmation interroge sur la réalité de la crise que connait le Cameroun depuis son indépendance. Elle renvoie notamment à la question suivante : quelles sont les éléments qui auraient joué de leur sensibilité sur les situations d'équilibres où l'ordre naturel était prédominant ? Ces influences qui expliquent la crise, c'est à dire le désordre social, économique et épidémiologique nous place irrémédiablement dans le **temps des incertitudes** que nous traversons aujourd'hui.

---

[35] Douala capitale économique (Région du Littoral) Yaoundé capitale administrative (Région du Centre)

Les influences

Si nous admettons que les différents moments de crise que le Cameroun a connus, renvoient aux différentes ruptures qui sont intervenues dans les rapports population/activités économiques/environnement, alors il devient important de revoir les paradigmes qui ont prévalu et d'accepter de se donner les moyens de décoder l'avenir. Décoder pour décider des voies à prendre, et comme décider c'est gouverner, cette réflexion nous place d'emblée en face du problème de gouvernance.

Le Cameroun est un pays stratégique pour les pays qui l'entourent. Il attire peu d'immigrés, sauf les réfugiés fuyant les troubles dans ces pays. Et pourtant le nombre de Camerounais qui émigrent vers l'Europe est en constante évolution. Ce qui laisse penser que les conditions de vie sur place se sont particulièrement dégradées.

Les conditions écologiques qui sont offertes au Cameroun lui donnent des atouts considérables et enrichissent son potentiel naturel de productions économiques. Cependant, la pauvreté est présente partout. Seules les cultures vivrières assurent relativement les subsistances alimentaires. Cette situation soulève des interrogations sur la répartition des richesses issues des cultures d'exportations. Les industries de transformations de produits locaux sont pour la plupart d'origines étrangères, comment interviennent-elles dans la répartition des richesses ?

L'espérance de vie à la naissance s'élève à 54,7 ans en 2012. Ce niveau reste faible eu égard de celui qui est attendu. La baisse rapide et conjuguée des taux de natalité et des taux de mortalité montre que le Cameroun vit sa transition démographique.

6.2.2 - Espace de risques

Situations de déséquilibres et Inégalités

Les situations de déséquilibres renvoient aux différentes perturbations de l'ordre naturel établi. Elles concernent les actions et les décisions ayant conduit à des inégalités sociales et économiques, à des exclusions sociales, à des injustices de tout genre. Elles concernent également les facteurs responsables de l'émergence ou réémergence des maladies, de leurs transmissions, de leur propagation.

La diversité géographique et de peuplement du Cameroun associe le milieu physique, le relief contrasté, le climat et son hydrographie à une inégale répartition dans l'espace des richesses du pays. Des régions riches se distinguent des régions pauvres et l'activité humaine, est ici ou là encouragée ou non par le degré de risque pris.

Les secteurs d'activités qui se distinguent renvoient notamment au primaire, au secondaire et au tertiaire. Dans le secteur primaire, les grandes inégalités s'observent entre les petits exploitants et les grands. Les grands exploitants concernent davantage les entreprises étrangères jouissant de grands privilèges. Dans le secondaire, les petits exploitants sont inexistants et les industries de transformation souvent d'origines étrangères sont partout présentes. La répartition des risques n'est donc pas équilibrée.

Des régions géographiques offertes à une écologie particulière, et du fait des activités humaines singulières, présentent des risques épidémiologiques récurrents pour des maladies comme le choléra par exemple. Du fait d'une grande fréquence des gîtes larvaires dans des zones rurales, celles-ci présentent des risques palustres élevés par rapport aux zones urbaines.

Des éléments structurels qui perturbent l'ordre naturel en aggravant les inégalités au sein des collectivités et dans l'espace, traduisent et dessinent pour le Cameroun, un **espace de risque**. Ces éléments résultent des accélérations auxquelles les populations sont soumises.

Accélérations

Si nous considérons que les productions humaines ne se font pas sans risques, mais que ceux des risques qui nous affectent résultent de nos besoins et de nos désirs, disproportionnés par rapport aux enjeux, alors il convient de considérer que le temps et son accélération sont essentiels pour comprendre la dynamique de développement dans laquelle nous sommes entraînés. Cette dynamique peut conduire à deux résultats possibles. L'appauvrissement ou l'enrichissement.

La population camerounaise devrait passer de 20 428 336 d'habitants en 2012 à 40 856 672 habitants en 2039 (Cf. Méthodologie d'intérêts composés en Annexes). La fécondité y est forte[36], même si elle diminue depuis la période 1970-1980, période du plus fort niveau d'accroissement démographique.

L'accélération de la démographie (Graphique 8 en Annexe) semble indiquer qu'avec le temps, la proportion de la population en âge de travailler va croître de façon significative. Cette croissance suggère que les activités

---

[36] Plus de 4 enfants par femme en moyenne en 2000.

créatrices d'emploi puissent être suffisamment disponibles. Le taux de fécondité est comparable à celui des autres pays d'Afrique subsaharienne, mais tend à baisser avec le temps et pourrait rejoindre le niveau des pays de références vers 2050, et celui des pays européens vers 2070. La mortalité est en baisse continue, mais la tendance à la baisse se fait moins vite que dans l'ensemble des pays d'Afrique. De façon symétrique, l'espérance de vie à la naissance augmente, mais croît moins rapidement.

Les mouvements de migrations des populations des zones rurales vers les zones urbaines se sont rapidement accrus, créant des distorsions spatiales remarquables, perturbant l'environnement économique et social des populations.

L'accélération des migrations du Cameroun vers l'Europe a produit une nouvelle région artificielle des Camerounais de la diaspora dont les actions pour l'instant contribuent fortement à assurer les survies des familles.

L'accélération de l'urbanisation déforme le paysage urbain, augmente les besoins à satisfaire face aux offres publiques limitées, c'est le cas au Cameroun s'agissant de l'offre d'électricité et de l'eau potable. Par ailleurs, l'urbanisation est un facteur important de lutte contre le paludisme, mais la proximité des zones rurales et la mobilité des populations pourraient favoriser le risque d'un nouveau type de paludisme d'importation, c'est-à-dire la forme aggravée du paludisme encore appelée le neuro-paludisme.

L'accélération de la marchandisation conduit les exploitants de cultures vivrières à vendre leurs surplus de productions pour des besoins de revenus monétaires. Elle favorise également les exportations des cultures agricoles produites par des gros exploitants et renforce des inégalités entre les producteurs.

L'accélération du rythme de vie tend à modifier l'écologie naturelle, bouleverse les habitudes et les comportements, crée des conditions favorables à la lutte contre des endémies ou au contraire, crée des conditions favorables à l'émergence de certaines pathologies qui affectent la santé de l'homme, et nuisent aux activités de productions créatrices de richesses.

L'accélération du changement social place les individus en situations de risques économiques, les besoins de plus en plus croissants en termes de revenus monétaires exposent les individus les plus vulnérables d'un lieu géographique à un autre, aux risques de pauvreté et de marginalisation sociale.

La violence de l'introduction du virus à immunodéficience humaine au Cameroun, sa propagation au sein des collectivités et sa diffusion spatiale expliquent la déviation de la transition épidémiologique dans le pays.

L'aggravation de la misère et l'accélération de la pauvreté augmentent les risques sociaux de tout genre, les inégalités qui en découlent appellent aux actions où l'agir solidaire intervient à chaque échelle sociale où se manifeste le dysfonctionnement éthique, où le besoin de justice s'impose et où peut se faire une redistribution équitable des richesses.

L'accélération des faisceaux de faits sociaux, marqueurs du niveau de vie montre que le Cameroun a régressé dans le temps. Sa trajectoire de développement apparaît éloignée de celles des pays de références initiales comparables[37]. Cet éloignement attire l'attention sur un certain nombre de déterminants sur lesquels l'on doit agir en urgence pour combler les besoins, assurer le progrès social et réduire le retard de développement. Agir dans l'urgence suppose de disposer d'une **population** particulièrement **dynamique** pour mener l'action.

[37] Indonésie, Malaisie, Maroc, Tunisie.

6.2.3 – Dynamique des populations

Les populations qui composent l'ensemble des collectivités camerounaises naissent dans un lieu géographique donné, appartiennent à un groupe social doté de valeurs traditionnelles précises, ils résident dans un lieu de vie, et sont originaires d'un lieu de vie. Ils s'inscrivent dans une structure sociale et dans une structure spatiale.

La dynamique des populations est l'expression de la variation au cours du temps, du nombre d'individus dans une collectivité et selon leur mouvement au sein de la structure sociale et dans la structure spatiale.

L'examen de la pyramide des âges indique que la population potentiellement active est âgée de 15 à 60 ans, elle représente 50 p. 100 de la population générale. Sa base indique une fécondité élevée, profil des populations dynamiques.

L'étude des migrations internes parmi les populations actives renvoient à deux conceptions complémentaires ; Une migration des hommes associée au travail, et une migration des femmes qui s'associe davantage au principe de virilocalité[38]. Les migrations externes renvoient davantage aux différentes situations des Camerounais de la diaspora.

Le mode de vie reflète indubitablement une empreinte occidentale encore plus forte. Les médias et le système d'enseignement accordent une place privilégiée au français et à l'anglais. Des manuels en langues de l'occident peuvent instiller une façon différente de penser, le taux de scolarité élevé n'a pas pour autant annihilé les pratiques traditionnelles.

---

[38] La femme quitte sa famille biologique en raison du mariage pour rejoindre son mari.

La diaspora camerounaise est devenue l'agent des influences culturelles occidentales sur son pays d'origine. Le Camerounais formé en Allemagne n'a plus les mêmes réflexes que le Camerounais formé en France. Tous deux contribuent à l'accélération de la transition démographique du Cameroun. Le migrant qui hier portait des valeurs familiales africaines de solidarité étendue, ramène au pays, l'idéal de la famille restreinte et souvent limité aux parents biologiques.

L'émigration apparaît donc comme un phénomène social important si l'on veut comprendre aujourd'hui le mouvement des indicateurs de développement qui ne dépend pas seulement des facteurs sociaux, culturels ou économiques endogènes. Le lieu de destination des migrants n'est pas neutre. Celui qui s'oriente vers la France revient avec un esprit dominant de la France, celui qui s'oriente vers l'Allemagne, revient avec l'esprit dominant de l'Allemagne. Ces différentes formes d'esprits peuvent être un frein ou une accélération au développement.

La diaspora camerounaise présente en France n'a pas le même profil que celle qui réside en Allemagne, du fait sans doute du poids de l'histoire et des itinéraires individuels. Elle apparaît mieux organisée et plus entreprenante lorsqu'elle revient d'Allemagne. En provenance de France au contraire, la diaspora camerounaise est peu structurée et en apparence très individualiste[39].

L'accélération de l'émigration fait apparaitre une diaspora caractérisée par des profils socio-économiques très diversifiés de ses membres. Mise à part, la diaspora travailleuse, instruite et formée, selon le pays de

---

[39] Les regroupements ou associations camerounais sont très lisibles en Allemagne et mènent des actions solidaires d'envergure au Cameroun. Ils sont mal structurés en France où ils apparaissent isolés et très diffus.

résidence, on assiste depuis les années 2000 à une émergence de deux catégories de population dont on ne peut pas dire que les comportements et les pratiques vont toujours dans le sens de la modernisation des mentalités. La première catégorie est concernée par la pratique d'un phénomène d'escroquerie appelée « *feymania*[40] ». Cette population est mouvante et particulièrement mobile. La deuxième catégorie de population est offerte à la pratique prostitutionnelle. Elle concerne davantage les filles et les femmes originaires des quartiers populaires des grandes villes du Cameroun telles que Douala et Yaoundé.

En ce temps de crise où notre société est traversée par des questions sur la mondialisation libérale effrénée, sur la marchandisation des êtres humains et sur toutes autres formes de violence, la libre circulation des personnes et des marchandises renforce l'augmentation des trafics d'êtres humains pour des fins d'exploitation sexuelle. Pourtant la société feint d'ignorer le problème en n'y portant qu'un regard de « *bien de consommation* ». La marchandisation du sexe des filles et femmes camerounaises s'exporte à grande vitesse vers les pays d'Europe. Un rapport de l'Office central de la répression du trafic des êtres humains (OCRTEH) en France indique que les prostituées camerounaises représentent aujourd'hui 50 p. 100 des prostituées d'origines africaines en Europe[41].

Le système « *feymania* » et le système prostitutionnel camerounais ont en commun la forte propension à rechercher l'argent facile. Une logique d'accumulation qui épouse les considérations pernicieuses de notre temps. Des considérations selon lesquelles seul l'argent compte. La valeur argent est au dessus de toutes les autres

---

[40] « Anatomie d'une arnaque : feymen et feymania au Cameroun » par Dominique Malaquais in Les Etudes du Centre d'Etudes et de Recherches Internationales. Sciences Po. N° 77 juin 2001.

[41] En 2000 cette proportion de la prostitution camerounaise n'était que de 7 p. 100.

valeurs, peu importe les moyens pour y accéder, ce qui compte, c'est d'y accéder. L'homme est décentré.

6.2.4 – Changements dans le temps et l'espace

Le Cameroun est dans la mondialisation, mais son économie est très fragile. Du fait de cette fragilité, elle subit de grandes violences. Des violences qui ont des origines externes et des origines internes. Parmi les violences d'origines externes, la faillite de l'équité du rapport au marché mondial et la fatalité de l'aide au développement freinent ou tendent à exclure le Cameroun de sa renaissance. Les facteurs liés aux violences d'origines internes sont nombreux. Des comportements freinent l'esprit des affaires et bloquent toutes initiatives d'entreprise. Le Cameroun a besoin d'investisseurs étrangers détenteurs de moyens financiers, mais la procédure pour l'obtention d'une licence d'exploitation est tellement longue et difficile[42] qu'elle force au découragement.

L'accélération de l'exploitation de l'énergie fossile a contribué à diminuer pour moitié la quantité globale de la production du pétrole en 35 ans. Une tendance à l'épuisement de cette ressource se dessine. Mais d'autres ressources non encore exploitées sont disponibles, les plus importantes renvoient aux gisements de minerais dont la mise en chantier suggère de tirer les leçons des pratiques qui ont échoué.

Comment faciliter les procédures d'acquisition de licence d'exploitation ? Doit-on laisser l'investisseur choisir lui-même la région d'exploitation qu'il convoite ? A quel moment doit-on penser que l'Etat puisse tirer des

[42] Un exploitant doit attendre 426 jours, soit 1 an et 3 mois pour obtenir une licence, et engager 15 procédures.

dividendes des retombées de l'exploitation ? Selon quelle règle et selon quelle marge ? Des questions de sens qui permettront d'estimer les ressources financières de l'Etat, et d'anticiper sur leurs allocations optimales.

Le co-développement a souvent été proposé comme solution au développement. Mais cette solution obéit à une logique qui a prévalu, celle du rapport Nord-Sud. En réalité, le co-développement joue contre la régionalisation et fait de la CEMAC un faux fuyant du développement. Il programme l'exclusion du Cameroun à toute perspective d'avenir.

Le développement solidaire est une possibilité pour le changement. Il mobilise toutes les forces vives de la nation, d'où qu'elles proviennent. Les forces vives restées sur place, et celles de la diaspora qui se rejoignent sur la question de l'homme et son bien-être.

Un espace accordé à la diaspora pour l'exploitation des ressources disponibles non exploitées est une possibilité, à condition de lui donner les moyens d'organisation dont elle a besoin. L'action de la diaspora ne doit pas se limiter aux seules œuvres de solidarité sociale et humanitaire.

La diaspora est une nouvelle catégorie d'acteurs économiques, qu'il sied de considérer au même titre que les investisseurs étrangers devant agir dans un marché où la concurrence favorise le progrès économique, accélère la croissance et stimule le développement humain.

Conclusion

Les grands défis qui se posent au Cameroun sont nombreux et ceux qui sont identifiés ici ne sont pas exhaustifs. Bien que freinée par la pandémie du VIH/Sida, la dynamique de la population connaît une trajectoire de croissance qui appelle à la maîtrise du développement de la démographie. Globalement, le niveau de vie dans le pays a régressé sans discontinuer depuis 1970. Et en même temps, la trajectoire de développement apparaît particulièrement déséquilibrée par rapport aux quatre pays de référence qui sont l'Indonésie, la Malaisie, la Tunisie et le Maroc. Pour rattraper son retard, le Cameroun doit d'abord réduire les incertitudes et les risques qu'il connait. Il devrait sur le plan socio-démographique, passer d'un taux de natalité à 2,6 p. 100 à un taux de près de 2 p. 100, améliorer l'espérance de vie à la naissance de la population en passant de 54 ans à 70 ans. Sur le plan socio-économique, le Cameroun doit faire passer son taux de croissance du chiffre de l'unité à un taux à deux chiffres ; il doit également combler son déficit humain en termes de ressources humaines dans les domaines de la Santé et des Sciences et Techniques notamment. Le Cameroun doit assurer un approvisionnement de qualité de l'eau potable, de l'énergie électrique, améliorer les techniques de l'information, développer les infrastructures en termes de routes, d'habitat et de logement, et développer et généraliser le système de protection sociale.

La mise en place de toutes ces conditions devrait contribuer à améliorer les conditions de vie des populations. Mais les moyens pour y arriver sont ceux de l'Etat et ils sont limités. C'est pourquoi, il sied de considérer que les enjeux de développement puissent intégrer les systèmes solidaires pour accompagner l'Etat dans sa gouvernance.

Chapitre 7 : Cameroun et gouvernance

Le Cameroun est une réalité socio-économique et socio-géo-épidémiologique ***complexe.*** Il se distingue par une démographie galopante, une situation socio-économique préoccupante, une situation socio-sanitaire ou épidémiologique en péril et une trajectoire de développement particulièrement déséquilibrée en comparaison à quatre pays de références qui sont l'Indonésie, la Malaisie, le Maroc et la Tunisie. Des pays qui nous serviront de modèles d'itinéraires de développement tout au long de notre analyse. Le Cameroun depuis son indépendance est resté en situation de crise permanente sans réelle capacité de combler son retard de développement.
Le Cameroun présente des atouts formidables à la fois sur le plan humain et sur le plan de ses ressources naturelles. Dans les différentes parties du territoire, des groupes ethniques qui peuplent le Cameroun sont organisés autour de chefferies ou royaumes. Mais si les différents groupes sont parties prenantes de l'administration centrale du pays, les chefs traditionnels ou rois demeurent inféodés au pouvoir central, du fait de leur statut d'auxiliaire de cette administration. Parmi ses ressources exploitées, on peut citer le pétrole, des essences ligneuses de grande valeur, et des produits agricoles comme le café, le coton et le cacao. D'autres ressources naturelles encore peu exploitées concernent le gaz naturel, la bauxite, le diamant, l'or, le fer et le cobalt. Malgré ces ressources, la croissance économique reste inférieure à la moyenne des pays d'Afrique subsaharienne. Le niveau inapproprié des infrastructures apparait être un obstacle à la croissance, au même titre que l'émergence et la persistance des maladies endémiques qui ajoutent de la difficulté à la difficulté.

Ainsi pourrait-on penser en toute logique que la gouvernance d'un tel pays puisse se réaliser selon un pilotage qu'on pourrait qualifier de *multi parties prenantes*. Autrement dit, les décisions prises ne relèveraient plus d'un unique décideur omnipotent, mais du fruit d'une concertation, après avoir pesé le contre et le pour selon les intérêts des parties prenantes. Les esprits vifs verront ici la proposition d'une nouvelle forme de démocratie, la démocratie participative. En réalité, elle n'est pas nouvelle puisqu'elle reprend les principes de base de la ***palabre*** en vigueur au niveau de certaines chefferies du Cameroun.

Ainsi, la notion de gouvernance renverrait à l'idée de s'occuper des affaires du Cameroun de manière attentive et suivie. Et la bonne gouvernance du pays est une nécessité nationale qui consiste à rechercher la pertinence, c'est-à-dire une manière de gérer l'Etat de façon pragmatique et efficace par le compromis.

Et l'on ne peut concevoir la gouvernance sans une volonté politique. Une volonté politique d'aide au développement, de coordination des actions solidaires, de mise en place des moyens de recherche pour le développement, bref, une bonne gouvernance est nécessaire pour un développement durable.

7.1 - La gouvernance du Cameroun (Ce qui est fait)

Par le passé, et dans un contexte de ressources disponibles, le Cameroun était administré sous le régime de ce qui était appelé les plans quinquennaux. L'ordonnance de 1962 proposait déjà le dispositif de ***budget de moyens***, dont la particularité était de dire dans le détail la manière dont les crédits budgétaires étaient utilisés et mises en rapport avec les résultats attendus. Aujourd'hui, dans un contexte de crise, le dispositif du ***budget programme***[43] en place vise à aider

[43] Dispositif ayant effectivement démarré en 2010 (la loi du 26 décembre 2007).

l'administration publique à mieux planifier et organiser ses activités en fonction des ressources disponibles. L'objectif étant celui de donner à l'Etat les moyens d'optimiser les dépenses. Concrètement, chacun des programmes conduit au niveau des ministères couvre une période de trois années avec un objectif précis et des indicateurs de performance à atteindre. Ils sont déclinés en actions, activités et tâches et comportent une stratégie de mise en œuvre. C'est ainsi que les projets retenus dans le cadre des Grandes Réalisations sont partie intégrante de ces programmes.

La seule innovation qu'il convient de retenir à ce niveau du dispositif du budget programme se trouve dans l'idée que le principal critère d'éligibilité des opérations inscrites au budget de l'Etat, réside dans leur capacité à satisfaire les besoins de la collectivité qui sont prédéfinis en amont du processus, et non par rapport aux besoins liés au fonctionnement des services publics comme c'était le cas jusqu'ici.

En effet, le dispositif du budget programme mis en place en 2012 vise à rechercher l'optimum économique dans les objectifs spécifiques qui sont :

- Accélérer le processus de réalisation des grands projets structurants ;
- Redynamiser les filières porteuses de croissance économique ;
- Augmenter la part de l'investissement public dans le budget de l'Etat ;
- Accroitre les exportations pour consolider la balance commerciale ;
- Maîtriser les importations en même temps que la production locale des denrées importées;
- Mettre en œuvre l'agriculture de seconde génération par l'intensification de la mécanisation agricole et l'utilisation des intrants à haut rendement, et transformer les produits agricoles en vue de garantir la sécurité alimentaire ;

- Diversifier les moyens de financement de l'économie ;
- Améliorer la gestion des finances publiques à travers une dépense publique de qualité et un recouvrement judicieux des recettes ;
- Améliorer la gouvernance économique, promouvoir l'approche à haute intensité de main d'œuvre et favoriser la sous-traitance et l'emploi, etc.

Mais, le projet de budget de l'Etat pour l'exercice 2013 reste fondé sur l'hypothèse d'un taux de croissance réelle globale du produit intérieur brut à un chiffre, dont le niveau oscille autour de 6 p. 100. Un niveau insuffisant dans un contexte socio-économique difficile et où l'économie informelle est persistante. Le pari de la réduction de la pauvreté de masse reste posé, il renvoie particulièrement à l'équation de l'amélioration des conditions de vie des Camerounais. Une équation dont les contraintes sont nombreuses et portent pour l'essentiel sur, la croissance économique devant générer des emplois et améliorer le niveau des salaires, la réalisation des grands travaux devant employer une grande partie de la population, l'assainissement du climat des affaires pour attirer les investisseurs.

7.2 - Les actions à mener pour une bonne gouvernance (Ce qui doit être fait)

Réorganiser l'Etat Cameroun par une administration de développement est une nécessité. Car le pays ne peut réussir son développement si son administration n'est pas performante, c'est-à-dire que son administration sache puiser dans sa mémoire pour travailler dans le présent à bâtir l'avenir. Et pour être efficace, elle doit travailler à accroître le rythme de croissance, à impulser une dynamique au processus de développement, et exiger l'obligation de résultat et l'obligation de rendre compte.

1 – Réorganiser l'Etat par une administration de développement

Une réorganisation répondant à trois axes majeurs vise à répondre au souci de s'occuper des affaires du Cameroun de façon attentive et suivie. Mais le suivi des affaires ne peut être efficace sans un système de mémoire, c'est-à-dire sans archives.

a) Une administration performante

L'intérêt des archives administratives réside dans le fait qu'il s'agit de documents qui peuvent servir de preuve et de bonne foi. Car dans le temps les hommes passent et se succèdent, alors que l'administration est une continuité. Les archives sont un outil indispensable dans la continuité du service administratif. Elles facilitent le transfert d'expertise d'un administratif à un autre. Elles assurent la continuité dans la connaissance des actions, elles informent sur les résultats atteints à chaque étape de la réalisation d'un projet.
L'absence d'archives constitue un handicap pour l'action du service public, et son inorganisation pénalise la fluidité de cette action.

b) Une administration efficace

Sur le plan stratégique, on ne peut assurer le rythme de croissance et rendre compte des actions menées que si, dans chaque administration, le système est garanti par un accès rapide et efficace aux informations et documents nécessaires aux prises de décisions judicieuses.
Le Cameroun présente de grandes disparités dans la répartition géographique de ses richesses. Ce qui peut faciliter le développement de certaines régions aux dépens des autres, et par conséquent cela peut nuire à

l'équilibre de l'ensemble. Parallèlement, les cadres de l'administration ne sont pas habitués à la gestion des affaires administratives complexes. C'est pourquoi il est souhaitable de favoriser une certaine éducation politique et administrative des populations en les faisant participer aux affaires publiques. C'est le sens donné à la décentralisation.
Il est souhaitable que cette décentralisation soit maîtrisée, car une décentralisation très large peut apparaître peu favorable à la bonne conduite des affaires administratives. Ce qui ne signifie pas que les affaires publiques se gèrent uniquement au niveau central. Il sied d'envoyer également aux niveaux des régions des fonctionnaires formés et efficaces. Une décentralisation bien distribuée, voire une déconcentration satisfaisante.

c) Une administration responsable

Les archives sont des témoins uniques et authentiques du fonctionnement au quotidien de l'administration. Elles sont seules susceptibles d'assurer la traçabilité de toute action, de toute activité, de toute décision, et de tout projet. Elles sont en cela un instrument de réédition des comptes qui responsabilise l'administration.

Lorsque les archives sont bien gérées et bien conservées, elles contribuent à la bonne gouvernance. Et le Camerounais peut y accéder pour avoir des informations nécessaires et comparer des faits, contrôler les actions des décideurs, former son opinion. Ainsi donc, elles facilitent la transparence dans la gestion des affaires publiques, garantissent l'accès des citoyens à l'information administrative, et donc facilite le contrôle citoyen de l'action publique.

2 – Vérifier les comptes de la nation

Une administration de développement fonctionne en synergie avec l'ensemble des parties prenantes avec laquelle elle est une composante. Elle reflète les défauts et les qualités de l'ensemble. Les comptes de la nation constituent une vision globale de la situation camerounaise. Ils retracent l'activité principale des différents agents économiques que sont les particuliers, les entreprises et les administrations. Leurs publications donnent l'occasion de connaître la situation économique du moment, et d'opérer quelques ajustements de redressement (politique économique) lorsque c'est nécessaire.

a) Rendre compte secteur par secteur de ce qui est fait de l'argent public

Rendre compte de la situation socio-économique du pays est un devoir civique, et s'approprier l'information administrative pour s'enquérir de la situation réelle de l'Etat est un droit citoyen. Et la question de savoir comment le Cameroun s'organise pour remplir cette tache de «rendre compte» apparaît cruciale.
Il est essentiel par exemple, dans un pays démocratique, que les citoyens puissent connaître les résultats produits par l'agent public investi dans une politique publique, et «la société a le droit de demander des comptes à tout agent public de son administration». Il importe pour cela que ceux qui sont appelés à gouverner déclarent leurs biens en début de leur prise de fonction et chaque fois que cela est possible en début d'exercice.
Rendre compte consiste avant tout à évaluer l'action de l'Etat, des collectivités, et secteur économique. Mais les logiques d'évaluation de l'Etat et des collectivités apparaissent souvent peu adaptées aux activités prises secteur par secteur. Un constat qui impose l'idée d'une co-construction à partir de laquelle une réflexion est engagée sur une manière de concilier les attentes et les besoins des uns et des autres, pouvoir public et opérateurs économiques, pour aboutir à un compromis, et le cas échéant, associer le public/citoyen à cette démarche participative.

b) Veiller à la bonne répartition des fruits de la croissance

La question de la répartition des fruits de la croissance est souvent abordée à travers l'indicateur synthétique qu'est le taux de marge des entreprises, à savoir la part des profits (excédent brut exploitable) dans la valeur ajoutée. Répartir les fruits de la croissance fait partie des devoirs du pouvoir administratif. Veiller à leur bonne répartition est une de ses prérogatives. Elle souligne la complexité de l'équité du partage des richesses entre les revenus du travail et les revenus du capital. Comment définir au sens que lui donne *Pareto*, la «***juste part***» de richesse entre ces deux types de revenus ? Et le «***bon partage***» de la richesse produite serait celui qui garantit la croissance la plus forte et la plus durable à long terme. Le bon partage de la valeur ajoutée entre les revenus du travail et les revenus du capital assure d'une part, des revenus suffisants aux détenteurs de capitaux et les incite à investir ; puis d'autre part, des revenus monétaires adéquats aux salariés et les pousse à l'effort. En même temps, le niveau de vie des travailleurs s'en trouve amélioré en rapport avec leurs gains de productivité, ce qui induit pour l'ensemble, une croissance de la demande finale cohérente avec le développement de l'économie.

En effet, le partage de la valeur ajoutée paraît particulièrement déséquilibré au Cameroun par rapport au partage de la valeur ajoutée dans les quatre pays de références qui sont nos modèles d'itinéraires de développement. L'évolution des taux de marges des entreprises ne permet pas de conclure sur une inégalité de partage des fruits de la croissance ; en revanche, la dispersion des salaires montre une grande inégalité des salaires. Des inégalités liées à une forte progression des hauts salaires par rapport aux plus faibles salaires. L'écart de salaire entre le secteur privé et le secteur public apparaît très significatif.

Les retombées du PPTE ont-elles bénéficié aux acteurs sociaux et économiques ? Les taux d'épargne et les taux d'autofinancement des entreprises non financières du Cameroun se sont dégradés pendant ces dernières années.

c) Juguler les inégalités sociales

L'influence de la croissance économique sur les différents aspects de la société camerounaise attire l'attention particulièrement aujourd'hui, à un moment où des grandes transformations économiques et sociales bouleversent le pays déjà engagé dans une politique de Grandes Réalisations en vue de l'émergence prévue en 2035.

Les grandes inégalités en matière de distribution de revenus, la situation de chômage, l'état de pauvreté dans lequel se trouve un pourcentage considérable de la population camerounaise nous interrogent sur la capacité de la croissance, même à deux chiffres à faire face aux problèmes d'une telle ampleur.

Si généralement l'importance de la croissance économique est reconnue dans l'approche des problèmes sociaux, on ne peut s'empêcher ici dans le cas du Cameroun dominé par une économie informelle - souvent réceptacle des déçus du chômage, de penser que de ce point de vue, sa dynamique peut apparaître limitée.

3 – Faire du Cameroun un réel Etat de droit

Un Etat de droit obéit à des normes juridiques hiérarchisées, respecte l'esprit des droits de l'homme, veille à l'égalité des personnes physiques et morales devant la loi, respecte le principe des séparations des pouvoirs. Au Cameroun, ces critères ne sont pas toujours réunis et respectés. Est-il possible de voir un projet gouvernemental invalidé au Cameroun ? Peut-on passer une année sans qu'un problème de droit de l'homme ne soit pas décrié dans le pays ? Et que dire des conditions

de détention de certains prisonniers ? Les réfugiés sont-ils toujours bien accueillis ? Les décisions de justice sont-elles toujours impartiales ? Des confusions entre arrière-pensée politique et réalité des faits ne sont pas toujours levées pour certains prisonniers.
Le plus important dans un Etat de droit est de considérer que les citoyens de toutes générations vivent ensemble, travaillent ensemble et se passent la main. Peut-on affirmer aujourd'hui qu'un changement de génération politique soit possible au Cameroun ? Ou mieux peut-on l'envisager réellement dans une période à échéance acceptable ? De toute évidence, au vu des évènements qui se succèdent depuis les opérations éperviers, le régime actuel apparaît à bout de souffle. Mais des clans se forment, s'observent, se déchirent et aiguisent leur appétit dans l'éventualité d'un brusque changement inattendu ou d'un changement attendu en 2017.
Pour renforcer l'Etat de droit au Cameroun, le suivi des processus électoraux (ELECAM), la mise en place d'observatoires des Droits de l'Homme, la réforme du code de procédure pénale, et une nouvelle loi sur les libertés syndicales ont été engagés.

a) Renforcer la place des médias

Le paysage médiatique camerounais connait un développement continu depuis 1990. Un paysage particulièrement diversifié en raison d'un nombre très important de la presse écrite privée, d'une forte présence des médias audiovisuels, mais tous particulièrement concentrés sur Douala et Yaoundé. On note toutefois une situation problématique de la presse écrite en raison des moyens matériels très limités. Les lignes éditoriales des différentes presses écrites permettent de les classer en fonction de leur proximité ou non avec le pouvoir de Yaoundé. Les opinions mêmes contradictoires qui tranchent avec les points de vue au sein de la société sont fréquentes et acceptées dans la presse. La télévision nationale semble être proche du pouvoir et manifeste

parfois des élans propagandistes. Les télévisions privées offrent quelques émissions de qualité et participent à donner au paysage médiatique un visage pluriel.
Il reste cependant que le Cameroun gagnerait à rendre davantage lisible sa volonté de renforcer la vie démocratique parmi les citoyens. Pour cette raison, un soutien important à la presse privée apparaît nécessaire.

b) Lutter contre la corruption

La lutte contre la corruption est supervisée par la CONAC et porte sur des dénonciations avec situation de flagrance. Son action répressive apparaît relativement efficace, mais il reste qu'il faut encourager les mesures de prévention indispensable à une éducation de masse, dont le but principal est celui de restaurer l'éthique des Camerounais.
A l'échelle du territoire, les actions menées portent sur plusieurs niveaux. Elles vont de la supervision de budget à un niveau local à la surveillance particulière des programmes gouvernementaux, tels que les programmes du CNLS (Comité National de Lutte contre le Sida) ou du CNLP (Comité National de Lutte contre le Paludisme).

c) Reconnaître et superviser l'action des partis politiques

Si la démocratie est un procédé par lequel un citoyen est fier de participer au gouvernement de sa cité dans la transparence par un choix judicieux de ses représentants, alors le Cameroun peut s'interroger sur la nature de sa démocratie. Un Etat de droit est profondément démocratique. Il suppose qu'il y ait une harmonie entre les institutions, les collectivités publiques et les individus. Cette harmonie est nécessaire pour qu'il puisse créer les conditions d'un développement social et économique. Pour faire vivre cet Etat de droit et animer la vie

démocratique en son sein, les apports de partis politiques sont nécessaires. Des apports qui se définissent autour d'une participation responsable de chaque parti politique au partage du paysage politique. Et la question qui se pose au Cameroun est celle de savoir si les partis politiques présents sur la scène politique participent de façon responsable à la gestion de l'Etat.
On peut déjà reconnaître que les partis politiques camerounais travaillent dans des conditions socio-économiques et politiques favorables à un climat politique apaisé et assaini.
Il faut également préciser que la moralisation de la vie politique pose de graves problèmes d'éthique et de conscience pour le peuple camerounais. On peut aussi ajouter qu'il n'existe pas de pacte politique républicain avec le peuple, lequel pouvant permettre de sanctionner à travers le principe d'initiative populaire, tout acte de violation par un parti politique ou par un groupe de parti politique. Sur ce point, la société civile doit être invitée à assurer un rôle de veille.

7.3 – Donner à la diaspora camerounaise ses lettres de noblesse

Le mot diaspora a d'abord été utilisé pour désigner la dispersion des membres d'une même communauté de vie à travers différents pays. Le peuple juif en était particulièrement concerné. Aujourd'hui, ce mot renvoie davantage au résultat dans le temps de la dispersion dans l'espace géographique des personnes originaires d'un même lieu de vie.
La démographie de la diaspora camerounaise n'est pas simple à établir, faute de données suffisantes. Les statistiques disponibles ne permettent pas de déterminer de façon exacte, son nombre, sa structure par âge et par catégorie socio-professionnelle. Les Camerounais de

l'étranger recensés représentent une partie seulement de l'ensemble des migrants vivant hors du pays. Ils sont en situation régulière par rapport au pays d'accueil, ou recensés au sein des services consulaires camerounais de leur espace géographique de résidence. La proportion des Camerounais qui échappent au recensement statistique du fait de leur irrégularité ou de leur dilution dans le pays d'accueil (changement de nationalité) varierait entre 23 p. 100 et 32 p. 100 selon les pays. Une autre donnée qui biaise singulièrement l'analyse, est celle qui concerne les enfants d'immigrés nés sur le territoire d'accueil. Logiquement, ces enfants ne sont pas immigrés car n'ayant pas franchi de frontière. Leur prise en compte parmi les populations de la diaspora dépend de la limite de jugement qu'on se donne (culturelle, ethnique, génétique, etc) pour mener son analyse. Une autre difficulté, et non des moindres, renvoie à l'équation démographique de la diaspora camerounaise. L'estimation de l'accroissement de cette population[44] n'est pas facile. De grandes incertitudes subsistent quand à la connaissance de son accroissement naturel (différence entre le nombre de naissances et le nombre de décès) et de son solde migratoire net (différence entre immigrations et émigrations).

Les principales destinations de la diaspora camerounaise sont la France, l'Allemagne, l'Angleterre, les Etats-Unis, l'Italie, le Canada. Selon les pays et dans le temps, le nombre des Camerounais de la diaspora a été multiplié par 5, 6 ou 7 en 20 ans depuis le début de la crise camerounaise des années 90.

En France, selon les dernières données de l'INED (Institut National d'Etudes Démographiques) actualisées, sur environ 2 500 000 immigrés en situation régulière, les

---

[44] L'accroissement de la population est la somme de l'accroissement naturel et le solde migratoire

Camerounais représenteraient toute proportion relative, environ 1,4 p. 100 d'immigrés.

En Allemagne, le nombre de Camerounais de la diaspora recensé selon le GTZ (Coopération technique allemande) et actualisé aujourd'hui serait de l'ordre de 15 000 personnes.
Une mise en rapport de la diaspora camerounaise en Allemagne avec la diaspora camerounaise en France fait valoir un taux de 0,43 entre les deux pays. Mais dans le temps, le nombre de Camerounais au sein de la diaspora allemande croît de façon rapide.
Près de 13 000 Camerounais vivent de façon régulière aux Etats-Unis et 6 000 en Angleterre. Ils représentent seulement une partie des migrants camerounais vivant dans ces deux pays respectivement, et dont le nombre n'est pas connu.

7.3.1 - Le rôle productif de la diaspora dans le développement économique

Selon l'ONU[45], les transferts financiers opérés par les travailleurs migrants et autres expatriés des pays en développement ont atteint en 2005, des montants dont la somme globale dépasse celle de l'aide publique au développement. Soit 167 milliards de dollars contre 105 milliards de dollars. Ce phénomène dû au rôle actif des diasporas dans le domaine productif n'est pas simple d'analyse en raison de leur diversité. Il apparaît donc nécessaire de saisir la spécificité de chaque diaspora afin de comprendre le lien productif qu'elle peut entretenir avec son pays d'origine.
Le cas du Cameroun est à la fois singulier et complexe.

---

[45] Deuxième commission de l'assemblée générale de l'ONU – AG/EF/3147 du 06/10/2006.

Les membres de la diaspora qui veulent investir ou se réinstaller dans le pays sont souvent perçus comme étant une menace ; le système de gouvernance camerounais n'a pas su créer des conditions favorables pour capter et accompagner les initiatives de la diaspora. La reconnaissance de la double nationalité ou la création d'une agence ou ministère de la diaspora sont des exemples de telles conditions. La présence sur place de nœuds de relais et des réseaux de soutien est nécessaire pour établir la confiance. La dispersion des initiatives et l'isolement ne jouent pas favorablement pour la réussite des projets. Dans le cadre du co-développement, donner une souplesse de gestion aux membres de la diaspora pour qu'ils investissent leurs transferts dans un microprojet ou dans la création de petites entreprises. Ce cadre peut renvoyer à la baisse des coûts de transfert financier où une différence est clairement établie entre les fonds dirigés pour le soutien aux familles (devoir envers la famille) et les fonds dévolus à l'investissement et qui participent à la construction nationale (solidarité nationale). Comment associer la diaspora au modèle de l'Accord commercial préférentiel pour les opportunités de croissance (AGOA), offert par les États-Unis aux pays d'Afrique, et l'élargir ? Une telle question doit être posée par les gouvernants dans le cadre du co-développement.
L'argent drainé par la diaspora relève des fonds privés, et de ce point de vue, il se distingue de l'argent drainé dans le processus d'aide au développement. Des réflexions pour capter ces fonds privés et les orienter vers les secteurs productifs nécessaires au développement du Cameroun sont à mener. Elles pourraient renvoyer aux stratégies de fonds de pensions selon le modèle américain et autres dérivés de produits financiers.

En effet, les transferts des revenus pris globalement ne se limitent pas aux seuls flux financiers saisis officiellement par les canaux des organismes officiels de transfert d'argent, et qui figurent dans les balances des paiements des pays d'accueil ou d'origine. Ces flux ont d'autres canaux non officiels, notamment l'argent emmené par l'émigré à l'occasion du retour en vacances ou envoyé par le biais d'un « tiers » faisant partie d'un réseau informel de collecte. Des réseaux qui se tissent par des liens familiaux, communautaires et associatifs. D'autres formes de transferts renvoient aux biens que l'émigré « exporte » vers son pays d'origine, en particulier au moment des vacances. Dans le cas du Cameroun, cette pratique se fait à partir de petits groupements dans des containers de biens importés par les émigrés, elle donne lieu a un véritable marché de brocantes plus ou moins formel dans les grandes villes du Pays

- Les déterminants de transfert de fonds au Cameroun

A la différence de nombreux pays de l'Afrique de l'Ouest où l'émigré est choisi par sa famille ou par les membres du village en raison de son degré de bravoure ou d'excellence, l'émigré camerounais obéit à une double logique qui se singularise par une démarche individuelle non communautaire. Une première logique, toujours en vigueur, mais qui a prévalu jusqu'aux années 90, est celle d'une émigration de formation. L'émigré camerounais se rend en Europe pour y suivre des études. Une seconde logique renvoie à une émigration économique où le Camerounais se rend en Europe pour réussir sa vie. Ce deuxième type d'émigration persiste et s'amplifie depuis la crise des années 90.

Dans le temps, ces deux types d'émigration se chevauchent et se complètent. Le Camerounais arrivé initialement pour des raisons d'études, peut s'installer de façon durable dans le pays d'accueil ou dans un autre pays développé lorsqu'il y trouve du travail. Dans cette optique où l'aspect économique domine *in fine*, l'émigré camerounais se singularise par l'absence de projet de retour au pays, c'est sans doute pour cette raison que le comportement d'épargne des Camerounais reste énigmatique. Ses engagements demeurent liés presque exclusivement aux seuls parents qui l'ont aidé ou qui ont financé sont émigration. Il n'est tenu par aucun lien de solidarité communautaire ou national. Le sentiment de solidarité national surgit dans une proportion très faible de Camerounais, et renvoie principalement à leur appréciation de la question éthique et morale.

À court terme, le Camerounais transfert une grande partie de ses revenus à la faveur de son engagement, mais surtout pour entretenir sa famille. À plus long terme, il réalise un projet personnel (achat d'un terrain, d'un appartement pour ses vacances, d'un champ agricole ou création d'une petite entreprise). Et ces éléments justifient l'envoie régulier de fonds.

D'autres déterminants interviennent dans la justification du transfert des fonds au Cameroun, notamment pour financer les cérémonies de deuil très voraces en finance dans certaines parties du pays ;

Ainsi, parmi les variables qui déterminent le comportement de transfert de fonds au Cameroun, il y a : - le niveau des revenus du travail, des revenus indirects et leur corrélation avec la taille de la famille ou des individus dépendants de ces revenus ; - l'effectivité du revenu disponible après ajustement entre épargne et consommation ; - le niveau de formation et le niveau de vie dans le pays d'accueil ; l'environnement politique et économique et le climat des affaires dans le pays d'origine ; - et la qualité des canaux d'envoi de fonds.

- Evolution des transferts de fonds au Cameroun

L'évolution des transferts de fonds connait un très grand essor depuis quelques années. Et cette évolution est d'autant plus remarquable qu'elle correspond pour une grande part, à la période de la grande crise que traverse le Cameroun depuis 1990. Sur ce point, force est de constater que deux périodes dominent dans cette évolution. Une première période qui va de 1990 à 2008, et une autre période dans laquelle nous vivons aujourd'hui (2008 – 2012). Une connaissance sur les transferts de fonds des Camerounais selon les pays riches vers le Cameroun participerait à éclairer davantage sur la diversité de la propension des Camerounais de la diaspora à transférer. Toutefois, dans la première période où la Cameroun est fortement frappé par la crise, on peut retenir l'idée que le taux d'émigration vers l'Occident s'est accru et que le transfert des flux financiers vers le Cameroun s'est fortement développé. Cette période correspond à celle du soutien à la famille restée sur place. Dans la seconde période, l'Occident rentre en récession, le chômage y est fortement élevé ; le Cameroun bénéficie des retombées des initiatives PPTE, des Camerounais de la diaspora se lancent dans des projets sur place au Cameroun, des projets de brocantes notamment, d'autres y retournent définitivement ou temporairement. Dans tous les cas, des fonds énormes sont drainés à destination du pays.

> En 2006, selon le ministère des finances, la diaspora camerounaise dans son ensemble a transféré près de 280 millions de dollars vers le pays. Ce qui s'avère être la seconde source de financement externe devant les investissements directs et devant l'aide publique au développement des partenaires bilatéraux et multilatéraux.

L'impact des transferts de fonds sur l'économie d'origine fait l'objet de nombreux débats où l'on s'empresse de présenter les avantages, et les inconvénients. Pour le Cameroun, il s'agit ici aujourd'hui de voir comment le pays peut tirer profit de ces rentrées d'argent pour que d'une part, ces fonds ne s'épuisent pas, et d'autre part, qu'ils soient dirigés vers les secteurs dont les effets induits sur l'économie dans son ensemble sont significatifs.

En hausse constante depuis 2006, le montant global des fonds financiers transférés en 2008 serait d'environ 311 millions de dollars et de plus de 350 millions de dollars à ce jour. Malgré la crise qui sévit en Occident, le taux de croissance des transferts reste toujours à un niveau parmi les plus élevés, soit 11 p. 100.

En comparaison avec les autres variables commerciales du Cameroun, le transfert de flux financiers représente 7,22 p. 100 de l'ensemble des importations et 9,1 p. 100 de l'ensemble des exportations en 2012. En effet, l'argent envoyé par l'émigré camerounais à sa famille sert aussi, et très souvent à l'amélioration de l'habitat ou à la construction de logement. Et si l'on considère que les effets du logement sur l'économie dans son ensemble sont bénéfiques, alors le logement peut être considéré comme un bien productif. D'autres secteurs d'investissements particulièrement concernés par les transferts de la diaspora tels que l'agriculture, le commerce et la petite entreprise renvoient au domaine productif.

7.3.2 - Diaspora et renforcement des capacités scientifiques et techniques du Cameroun : transfert des connaissances

Il faut noter que dans la dynamique des migrations camerounaises, une proportion très importante de ceux qui s'installent en Occident a un niveau de formation particulièrement élevé. Une fuite de cerveau qui nuance et interroge sur les apports bénéfiques de la diaspora à son pays d'origine.
Jusqu'au milieu des années 80, l'étudiant camerounais qui allait étudier en Europe restait lié aux universités camerounaises dont on reconnaissait une vocation internationale. L'avènement de la mondialisation a accéléré le mouvement de migration du personnel enseignant de qualité, sélectionné selon les critères d'immigration choisis, les meilleurs étudiants du pays,

Selon les récents développements sur la théorie économique, on sait aujourd'hui le rôle que la connaissance, le développement humain et la recherche et développement jouent dans le potentiel de croissance d'un pays. En effet, la théorie de la croissance économique estime que l'augmentation continue sur une longue période de la production par tête nécessite un progrès soutenu des connaissances techniques, lesquelles peuvent être incorporées dans des biens et services. Déjà, la fuite des cerveaux, n'est plus perçue comme un facteur d'appauvrissement, mais plutôt comme un facteur de rayonnement sur le plan international. De ce rayonnement, peut découler des apports de scientifiques de haut niveau, organisés en réseau, en rapport avec le pays d'origine et autour des questions qui concernent son développement. Des exemples Marocains, Ghanéens et Colombiens sont à saisir.

En effet, le nombre de Camerounais formés et de haut niveau reste particulièrement élevé parmi les diasporas africaines en occident. Dans les universités occidentales, la proportion des Camerounais inscrits dans les filières des sciences de l'ingénieur et de la médecine est très conséquente. On note par exemple selon l'office fédéral de statistique qu'en Allemagne, la proportion d'étudiants inscrits ou ayant achevé leur formation en Mathématiques est de 25 p. 100 ; de 61 p. 100 en médecine et 41 p. 100 en sciences de l'ingénieur.

7.3.3 - Diaspora et réseau de solidarité

Les Camerounais de la diaspora se regroupent très souvent au sein d'associations pour faire vivre leurs élans de solidarité. Ils manifestent ainsi leur désir et leur volonté d'aider les autres et mettre en œuvre un peu plus d'égalité entre eux. Autour de cette question, des formes différentes de solidarité sont visibles. Au niveau de la petite localité, des dons de nourriture, d'argent, l'aide médicale, et l'aide matérielle se distinguent. Au niveau de structures scolaires ou hospitalières, des dons de cahiers, de matériels scolaires, d'appareils médicaux sont davantage réalisés. D'autres formes de solidarité moins visibles côtoient les solidarités visibles et touchent l'individu au plus près dans son quotidien. Ces formes de solidarité renvoient à la reconnaissance de chaque humain en tant qu'humain dans un cadre communautaire. Dans ce cadre, le souci de l'autre logé à la même enseigne que soi domine, l'autre lié à soi par un même destin à porter et par un même risque à prendre. L'agir solidaire des Camerounais de la diaspora ne peut aujourd'hui ignorer le contexte global dans lequel le Cameroun se meut, en période de crise où les enjeux de la mondialisation poussent l'action à un niveau communautaire non fermé. Sur ce point, l'expérience Bamiléké apparaît intéressante, mais mérite d'être approfondie et il importe de l'ouvrir.

Le réseau de solidarité qui se tisse entre les Camerounais de la diaspora et ceux restés sur place participe à établir le lien avec les plus démunis, là où c'est possible au Cameroun, à un niveau local, d'un lieu à un autre lieu où la vie est menacée ou demande à être améliorée.

7.4 - Evaluer les projets pour une bonne gouvernance

Pour éviter que le développement de certaines régions ne se fasse aux dépens des autres régions du fait des disparités géographiques des richesses, les gestionnaires administratifs du Cameroun sont confrontés à la question de l'évaluation des projets et de leur pilotage au niveau local. Une donnée d'une grande complexité considérant que chaque «projet-action» a ses objectifs, son public, ses acteurs, et son contexte local.
L'administratif confronté au problème d'évaluation d'un projet-action doit veiller à ce que soit réunies par étape, les conditions de la planification du projet, de sa réalisation, de l'évaluation d'une action dans une cohérence de compromis avec l'ensemble des partenaires.
Les étapes d'une telle démarche sont les suivantes :

1- Le diagnostic
Avant toute action, diagnostiquer la situation posée et en dégager les problèmes prioritaires auxquels on veut apporter des réponses. Ces problèmes prioritaires sont listés selon la population cible visée, c'est-à-dire les bénéficiaires de l'action-projet.

2- Les objectifs
Après le choix des priorités, les planifier en définissant les objectifs, autrement dit en relevant les changements attendus auprès des

bénéficiaires. Parmi les objectifs, distinguer l'objectif principal des objectifs spécifiques. L'objectif principal exprime la situation sociale et décrit la diminution du problème prioritaire. Les objectifs spécifiques sont des effets directement attendus de l'action, ils renvoient aux publics touchés par l'action. Ils peuvent interroger ces publics sur leurs connaissances, leurs pratiques, leurs aptitudes etc.

3- La programmation[46]
Il s'agit ici de prévoir les activités qui vont permettre d'atteindre les objectifs de façon concrète. Les interrogations que cette démarche suscite sont celles de savoir – quelles activités mettre en place (faire Quoi ?), - pour quelle population cible (pour Qui ?), avec quels acteurs (avec Qui ?), et avec quelles ressources, - dans quel lieu (Où).

4- Pilotage
La mise en œuvre de l'action consiste à mobiliser les ressources humaines, financières et matérielles pour réaliser les activités selon les objectifs visés. Ensuite rechercher les écarts entre ce qui est prévu dans la programmation et ce qui est réellement réalisé sur le plan local. Dans ce sens, on s'intéresse à savoir si les ressources ont été mobilisées comme prévu, si les activités ont été réalisées comme prévu, et si les groupes cibles ont été atteints ; sinon, pourquoi ?

[46] Elle consiste à prévoir, à partir des objectifs spécifiques, les activités à mettre en place, les groupes-cibles auxquels elles seront destinées, et les ressources qui seront nécessaires pour les réaliser. La programmation générale se fait avant l'action (elle figure dans le dossier de financement), et elle se poursuit de façon plus précise au cours de l'action*

5- Evaluer l'impact
   Evaluer l'impact renvoie à repartir aux intentions de départ, c'est-à-dire évaluer à la lumière de ce qui a été fait durant l'action. Cette évaluation peut renvoyer aux objectifs spécifiques, tout comme elle peut concerner l'objectif général. Elle peut par ailleurs renvoyer à d'autres effets prévus ou imprévus, souhaités ou non. L'évaluation d'impact permet de conclure sur la **pertinence** de l'action menée, c'est-à-dire cette capacité à faire évoluer une situation en répondant à l'adéquation entre les objectifs de l'action et les problèmes auxquels elle répond.

Dans l'évaluation d'un projet-action, la préoccupation majeure qui guide l'action est le souci permanent de voir si les retombées de celle-ci profitent à l'homme.

7.5 - Les grandes questions de gouvernance pour un Cameroun émergeant

Pour placer le pays dans sa perspective d'émergence prévue en 2035, des grandes questions à se poser et qui mobilisent les différents projets évalués comme vu dans le paragraphe **7.4**, renvoient ici et maintenant, à tous les domaines de la macrostructure de l'Etat. Ils sont macro-économiques, socio-démographiques, sectoriels, environnementaux et infrastructurels. Les acteurs principaux de cette nouvelle dynamique de gouvernance sont des Camerounais nationaux, des partenaires bilatéraux ou multilatéraux, et désormais les Camerounais de la diaspora.

Ainsi, tout en préservant la stabilité macroéconomique, comment accélérer la croissance en investissant massivement dans les infrastructures et la modernisation de l'appareil de production ?

L'un des paradoxes camerounais de la distribution des denrées alimentaires réside dans l'inégalité géographique entre l'offre locale de certains produits de consommation et la demande, il fait ressentir par endroit des manques, et la question est : comment sortir de la crise alimentaire en intensifiant les activités sylvo-agro-pastorales et piscicoles, tout en passant à une structuration plus professionnelle du monde rural, dominée par les grandes et moyennes exploitations ?

Le Cameroun a des moyens financiers limités, et dispose de nombreuses ressources naturelles non exploitées qui attirent la convoitise de nombreux pays du Nord et de l'Orient. Comment attirer des investissements afin de développer l'exploitation des ressources du sous-sol et acquérir de nouvelles technologies ?

Le gisement d'emplois réside dans les activités agricoles et industrielles de transformation des produits de base. Il concerne également le secteur d'extraction minière et celui de l'énergie électrique. L'essor des services dans les nombreux domaines numériques de l'information et informatique sont également pourvoyeurs d'emplois. Comment développer l'industrie, et renforcer par une politique commerciale le secteur secondaire ? Comment intensifier le secteur primaire et spécialiser le secteur tertiaire professionnel fournisseur d'emplois décents ?

Comment agir dans l'ordre mondial des échanges afin de tirer profit des modifications de la structure du commerce extérieur ?
La population camerounaise est diversifiée et en forte croissance, parmi elle, la proportion des jeunes est particulièrement élevée, et une proportion significative de ses membres est formée à un haut niveau. Comment et par quelle politique faire de la population camerounaise,

l'acteur principal de son propre développement ? Sur quels leviers faut-il agir pour faire accroître l'espérance moyenne de vie de la population ?

Le péril épidémiologique camerounais associe davantage les grandes endémies telles que le VIH/Sida, le paludisme et la tuberculose aux principaux facteurs de santé qui menacent l'humain dans un environnement où la prégnance des co-infections des populations et leurs conditions sociales et économiques sont favorables à leurs propagations. Comment penser et replacer la stratégie globale et multisectorielle de santé dans une dynamique d'action qui prenne en compte à la fois et de façon concomitante, la trilogie **Population /Maladies/ Environnement** ?

Des soutiens extérieurs, le Cameroun bénéficie des financements de l'Alliance Mondiale pour la vaccination et l'immunisation (Global Alliance for Vaccines and Immunization ou GAVI), du Fonds Mondial de lutte contre le SIDA, la Tuberculose et le Paludisme, de la Facilité Internationale de Financement pour la Vaccination, de l'UNIT AID, et de nombreux autres financements. De même, l'allègement de la dette du Cameroun à travers les mécanismes de l'initiative PPTE a apporté des ressources additionnelles au secteur de santé (C2D, PPTE, IADM). Comment donc mettre à profits ces différents financements à la prévention contre les maladies, à l'amélioration de la vie des personnes malades, à l'affectation des personnels techniques et d'encadrement ? Comment pallier aux insuffisances du personnel de santé en sollicitant de façon ponctuelle, l'aide des camerounais de la diaspora dont les qualités scientifiques et médicales sont reconnues ?
Comment considérer l'enjeu stratégique de maîtrise de l'espace, de la protection de l'environnement, de la lutte contre les effets déjà perceptibles des changements climatiques ?

Comment réorganiser et planifier le développement incontournable des villes, grands centres de consommation, des principaux centres de production de richesses et réservoirs de facteurs nécessaires à tout essor industriel ?

Comment intégrer le secteur privé dans une stratégie globale de gouvernance avec en toile de fond la prise en compte conjuguée d'une stratégie d'allocation des ressources, d'une stratégie d'intégration sous régionale, régionale et internationale, et d'une stratégie de partenariat et d'aide au développement ?

Comment associer la diaspora à la gouvernance en orientant les apports financiers, scientifiques et techniques de celle-ci dans tous les secteurs productifs de la nation, avec en toile de fond la prise en compte d'une stratégie de pilotage des faits solidaires, leurs processus, dans des lieux géographiques où les risques humains sont grands ? Il s'agit de replacer l'homme au centre de l'action de gouvernance, là où il se trouve, menacé.

Conclusion

La gouvernance du Cameroun reste intimement liée à la lutte contre la pauvreté, à la recherche du bien-être de la population dont les principaux déterminants renvoient aux variables socio-démographiques, socio-économiques, socio-sanitaires ou épidémiologiques. Une telle gouvernance appelle à une approche de la complexité où les variables citées précédemment sont en interaction, et évoluent dans une dynamique où l'équilibre de la trajectoire de développement est retrouvé, comparativement aux quatre pays modèles de références.

Selon les données socio-démographiques, 50 p. 100 de la population est âgé de 15 à 60 ans. C'est donc dire le poids de la population active dans la démographie nationale. Mais il importe de souligner le fait que cette population active évolue dans un environnement où le risque de chômage est particulièrement élevé, où les incertitudes liées au climat général des affaires n'assurent pas la pérennité des activités et des entreprises productives. Il faut également souligner que le péril épidémiologique qui caractérise le pays expose davantage cette population à des risques sanitaires pouvant compromettre le développement recherché. De façon symétrique, une moitié de la population est âgée de moins de 15 ans et de plus de 60 ans. Cette population caractérisée par sa dépendance vis-à-vis de la population active, ajoute de la difficulté au système social camerounais dont la structure de solidarité est quasiment inexistante. Cette défaillance est comblée quand cela est possible par des apports familiaux à travers des liens de devoirs familiaux, des liens de solidarité communautaires, et d'autres contributions de la diaspora.

La gouvernance camerounaise doit réorganiser l'Etat à partir d'une administration de développement si elle veut que le pays arrive à l'émergence attendue en 2035. Réorganiser l'Etat, c'est avant tout prendre en considération la trajectoire de développement dans laquelle la population est engagée selon les déterminants relevés ci-dessus. Cette prise en considération propose de puiser dans la mémoire de ce qui est fait pour bâtir l'avenir. Les archives étant en cela l'outil majeur qui assure la continuité du service public. Elle propose également de placer l'humain dans des conditions optimales de santé et de travail afin de lui donner les moyens de développer ses activités et d'assurer au-delà de ses résultats, la productivité et la croissance. Cette dernière étant nécessaire pour impulser la dynamique de développement. L'un des meilleurs moyens qui place l'humain dans des conditions optimales de santé et de travail, est celui de la répartition ***juste*** et ***équitable*** des fruits de la croissance. Une répartition ne peut pas être ***juste*** et ***équitable*** si l'environnement est dominé par la corruption, et si les dirigeants ne portent pas de considération à la valeur morale et éthique de la chose publique dont ils ont la charge.

Réorganiser l'Etat, c'est aussi veiller à ce que des régions plus riches n'accentuent pas leurs écarts par rapport aux régions davantage pauvres. De ce point de vue, une logique de répartition des richesses sur le plan géographique doit animer l'action gouvernementale afin de juguler une forme d'inégalité socio-géographique de celles-ci. On éviterait ainsi des crises alimentaires qui surviennent de façon épisodique dans certaines régions du pays. Mais cette répartition ne va pas sans réponses appropriées au problème de transport et à celui des infrastructures de transports.

Réorganiser l'Etat, c'est également reconnaître aux collectivités et aux groupes d'intérêt collectif, leur droit et leur devoir dans un Etat de droit où les institutions existent selon les textes inscrits dans la constitution, et où la séparation des pouvoirs est une réalité. On ne saurait oublier le respect du rôle de quatrième pouvoir dévolu aux médias, et la place des partis politiques.

Réorganiser l'Etat Cameroun, c'est considérer que la diaspora ne serait-ce que du fait de son poids financier reconnu aujourd'hui, représente la **onzième région** du Cameroun.

Pour terminer, la gouvernance du Cameroun apparaît donc comme une réalité complexe, faite d'enjeux sociaux et politiques offerts à des *multi parties prenantes* diversifiées, et dont chacune a une spécificité qui la singularise. L'agrégation de ces spécificités singulières, leurs chevauchements appellent à un pilotage de consensus dont le modèle n'est pas à aller chercher en Occident, mais sur place. Le modèle le plus adapté est celui de la **palabre** qu'il faut réadapter.

CONCLUSION GENERALE

Humaniser le Cameroun c'est rétablir le lien avec l'autre

Ce livre pose un regard critique dans divers aspects de la vie au Cameroun, et relève des éléments qui peuvent favoriser ou freiner le développement dans sa dynamique d'humanisation du pays. Il montre les excès, les risques, les menaces qui sont à l'origine de l'écart de développement que le pays connaît aujourd'hui comparativement à l'Indonésie, la Malaisie, le Maroc et la Tunisie.

Les données numériques traitées chapitre après chapitre sont nombreuses et proviennent des données officielles, fiables, disponibles et publiées par des institutions nationales et internationales. Elles sont organisées selon leurs distributions dans le temps, dans l'espace et selon les spécificités des populations. Elles revêtent souvent des caractères discontinus et rarement continus. Leurs traitements renvoient à des techniques d'organisation des séries des nombres, à leur hiérarchisation, et à leurs mises en rapport pour établir les liens significatifs. Les analyses découlent des résultats issus des modèles mathématiques appropriés. Dans le cas de traitement de données discontinues, les données manquantes sont traitées en considérant l'ensemble de la série qui les contient, puis en calculant par interpolation. Les projections dans le moyen et long terme sont des estimations établies selon les méthodes statistiques usuelles.

Les résultats que donnent les différentes analyses, permettent de retenir les facteurs remarquables associés aux différentes variables socio-démographiques, socio-géographiques et socio-épidémiologiques. Parmi les facteurs remarquables, des déterminants se distinguent pour expliquer ceux qui sont favorables au développement et ceux qui le sont moins. Ces déterminants enfin sont mis en situation par rapport à ceux qui concernent les quatre pays de référence retenus.

Ce livre montre que la pauvreté et les différentes formes des inégalités sont intimement liées. Ces inégalités ont des origines internes pour l'essentiel, et externes pour une part lorsqu'il faut prendre en compte les Camerounais de la diaspora et d'autres systèmes d'aide au développement. Les inégalités sont de nature socio-démographique lorsqu'elles renvoient à des considérations de genre (ou de sexe), à des catégories d'âge, à la situation matrimoniale des individus. Elles sont de nature socio-géographique, lorsqu'elles distinguent les régions pauvres des régions qui le sont moins. Elles sont de nature socio-économique lorsqu'elles concernent l'accès au travail, le mode et le niveau de vie ; elles sont de nature socio-sanitaire lorsqu'elles renvoient à la lutte contre les endémies, à l'accès aux soins, à la protection sociale, et à la marginalisation des personnes vulnérables. Enfin, la plus grande de ces inégalités à mon sens, est de nature organisationnelle. Les systèmes d'organisations internationales sous-estiment dans la réalité économique camerounaise, le rôle et la place du secteur informel. Un secteur qui se nourrit et se renforce des liens de solidarité.

Ce livre propose des démarches pour une gouvernance dont le principe fondateur est d'humaniser le Cameroun. Et humaniser le Cameroun, c'est d'abord considérer que les diversités sociales sont une donnée essentielle, et qu'on ne peut la détruire ; c'est ensuite réformer pour réduire les grandes inégalités afin d'installer progressivement le pays dans une situation qui redevienne humainement acceptable. La méthode pour y arriver consiste à lutter contre les excès, les risques, les menaces et surtout à réduire les incertitudes autour de la question du développement. Ces incertitudes sont devenues grandes du fait de la mondialisation et de l'accélération des effets de cette mondialisation sur la Cameroun. Les effets négatifs renvoient à la montée du chômage véritable paradoxe dans un pays où tout est à construire, à la montée de la pauvreté véritable interrogation dans un pays dont les ressources naturelles foisonnent, à la recrudescence des grandes endémies, causes de nombreux freins aux activités motrices de croissance économique, à la dissolution des liens de solidarité facteur de propagation de la misère.

La mondialisation et l'économie libérale qui la sous-tend entraînent pauvretés et misères partout dans le pays. La corruption se développe avec la généralisation de la monétarisation, et le sens des responsabilités s'en trouve particulièrement affecté. L'éthique et la morale publique sont bafouées. La démocratie camerounaise souffre des carences de sa justice et des déficiences dans le domaine de l'éthique. La crise qui perdure dans le pays depuis son indépendance montre la faillite du système de gouvernance qui a prévalu jusqu'ici. Une autre gouvernance fondée sur la solidarité semble s'imposer. Les expériences passées des années de l'indépendance sont à considérer. Elles sont un microcosme pouvant aider les gouvernants d'aujourd'hui et de demain dans la mise en place des processus de développement où l'intégration des *parties prenantes* est nécessaire pour le Cameroun en tant que macrocosme. Dans cette nouvelle forme de solidarité où les Camerounais de la diaspora apparaissent comme faisant partie de la 11ème région du Cameroun, l'action de l'Etat s'en trouve enrichie. Les actions individuelles des membres de la diaspora, qui jusqu'ici étaient orientées vers les familles, sont désormais coordonnées, au moins pour une part par l'Etat, puis orientées vers les projets-actions à cibles identifiées, dont les retombées en termes de bénéfices sont perçues et redistribuées pour assurer l'équité et la justice sociale.

Par rapport à l'aide au développement, l'avantage de la réadaptation d'une expérience locale réussie, celle des Bamiléké des années 60 notamment, réside dans le fait que cette dernière tient compte des réalités locales dans leur complexité. Prendre en compte cette donnée, c'est respecter les logiques locales non importées et qui sont souvent éloignées des logiques marchandes officielles. La logique dominante porte sur la création du *lien social*, un véritable moyen pour lutter contre les exclusions. Le secteur informel et le système diaspora partagent une portion importante de cet espace socio-économique créateur de lien social au Cameroun. Le respect[47] d'un tel espace place l'action de l'Etat dans une dynamique de réduction des risques.

---

[47] Un membre du secteur informel et un membre de la diaspora qui, à de degrés différents développent des projets-actions dans leur milieu socio-culturel diluent les risques.

La nouvelle démarche que je propose pour humaniser le Cameroun doit permettre d'en finir avec la crise dans laquelle le pays s'est installé depuis très longtemps. La toute puissante rationalité de l'économie libérale doit être relativisée, et des rationalités plurielles dans lesquelles les logiques locales de création de lien social ont leur place doivent être considérées.

Je ne peux terminer ici ma conclusion sans dire qu'une bonne gouvernance doit être précédée par une réforme de la morale. La période que nous vivons aujourd'hui tend à favoriser nos égoïsmes et décentre l'homme, nous avons besoin de nous dépasser en interrogeant notre éthique, et pour cela, nous devons élever notre conscience.

ANNEXES

CONCEPTS ET METHODES D'ANALYSE UTILISES

Des définitions, des concepts

Transition démographique
Modèle théorique qui illustre le passage d'un régime démographique ancien, où la natalité et la mortalité sont élevées, à un régime moderne de natalité et de mortalité beaucoup plus faibles. Dans les deux régimes, la croissance démographique naturelle est réduite. Par contre, pendant la transition elle-même, la croissance naturelle est élevée car la mortalité diminue avant la natalité.

Taux de natalité
Nombre de naissances sur une année pour 1000 personnes.

Fécondité
On emploie le terme fécondité, à la place de natalité, lorsque les naissances sont mises en relation avec l'effectif des femmes d'âge fécond (entre 15 et 49 ans)

Taux de mortalité
Nombre de décès sur une année pour 1000 personnes.

Indice de fécondité
Nombre d'enfants par femme en âge de procréer.

Taux de mortalité infantile
Nombre de décès d'enfants de moins d'un an. On le mesure en rapportant les décès d'enfants de moins d'un an au cours d'une année civile aux naissances de la même année.

Croissance démographique naturelle
Croissance ou décroissance d'une population donnée. Elle est obtenue en faisant la différence entre le taux de mortalité et le taux de natalité.

Espérance de vie

Nombre moyen d'années à vivre à la naissance. L'espérance de vie à l'âge *x* mesure le nombre moyen d'années que peut espérer vivre une personne atteignant l'âge *x*, dans les conditions de mortalité de la génération considérée.

Graphique 8 : *Profil de la population camerounaise : Données des nations unies révisées et estimées sur la base des données de 2010.*

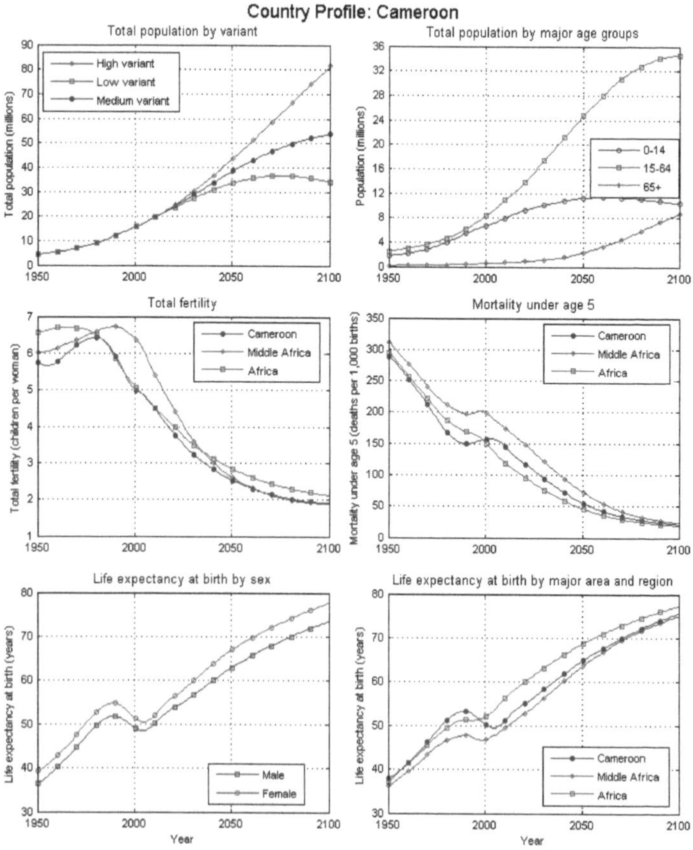

L'**écologie humaine** étudie les relations entre l'homme et son environnement, mosaïques de phénomènes physiques, biologiques et sociaux.

L'**épidémiologie** étudie les phénomènes de santé et des maladies qui résultent des interactions homme-environnement.

Le mot **gène** trouve dans son étymologie grecque genos la définition d'origine, de naissance.

Le concept de **Complexe pathogène** est inventé par Maximilien SORRE pour rendre intelligible la géographie des maladies infectieuses. Il désigne des associations d'êtres à divers degrés d'organisation, dont l'homme est le centre, qui lui sont reliés par le parasitisme, et dont l'activité se traduit pour lui par des maladies complexes parasitaires ; chaque espèce animale (végétale) est dans la nature le centre d'un groupe de complexes.

Si le complexe pathogène est sous la dépendance étroite de l'environnement, et que l'environnement lui-même joue un rôle essentiel dans le fonctionnement de la chaîne de transmission qui va de l'agent pathogène à la collectivité humaine concernée, alors tout est indiqué pour que l'attention soit portée sur les facteurs de l'environnement impliqués dans le processus, qui constitue en soi un relais entre les phénomènes biologiques et les différentes formes d'expression de contamination.

En effet, l'agent pathogène peut trouver chez certains individus et dans certains lieux des facteurs qui favorisent sa distribution (conditions suffisantes d'existence), et qui deviennent des facteurs de risques et des lieux à risques. L'écologie du complexe infectieux est donc d'abord fonction de celle de l'hôte humain. Il peut donc être décrit à travers les spécificités individuelles et biologiques, puis le lien de l'agent pathogène avec le groupe ou la collectivité auquel il s'intègre constitue l'un sinon le trait essentiel de sa diffusion socio-géographique. La circulation de l'agent pathogène au sein de la collectivité est alors approchée par l'étude de la vie de relation, elle renvoie à l'**éco-épidémiologie** de la maladie.

Le **système éco-épidémiologique** constitue donc une mise en rapport du complexe pathogène, des facteurs socio-géographiques et l'infection (maladie) telle quelle se manifeste au sein des collectivités, à des différents niveaux de distribution spatiale.

Régression linéaire

En utilisant les fonctions de régression linéaire disponible sous le tableur Excel, on arrive facilement à créer des macros sous Visual basic pour faire fonctionner le modèle et l'utiliser dans les conditions suivantes :

Faisons l'hypothèse que la variable d'intérêt Y dépende de façon linéaire d'une variable X explicative selon la relation : $Y = \alpha + \beta.X + \varepsilon$ Disposant d'un échantillon de *n* observations, on calcule l'estimation dans la population du coefficient de corrélation $\hat{\eta} = \sqrt{1 - \frac{n-1}{n-2} \times (1 - r^2)}$ à partir de celui qui est calculé sur les données r^2.

Déterminons ensuite :

- La valeur moyenne $\bar{y}_x = \hat{\alpha} + \hat{\beta}.x_i$ attendue pour tout *x* non observé, et ce en calculant l'estimation de son écart-type

$$\hat{\sigma}_{\hat{y}_x} = \sqrt{\frac{(1-r^2)\times\sigma_y{}^2}{(n-2)\sigma_x^2}} \times \sqrt{\sigma_x^2 + (x-\bar{x})^2} \; ;$$

- La prévision $\hat{y}_i$ attendue pour une valeur *x* non observée, et ce en calculant l'estimation de son écart-type

$$\hat{\sigma}_{\hat{y}_x} = \sqrt{\frac{(1-r^2)\times\sigma_y{}^2}{(n-2)\sigma_x^2}} \times \sqrt{(n-1)\sigma_x^2 + (x-\bar{x})^2} \; ;$$

La méthode des intérêts composés appliquée à l'évolution de la population démographique du Cameroun depuis 1976.

La population du Cameroun a été recensée 4 fois depuis l'indépendance du pays survenue en 1960.

Année	M	F	Total
1976	3 754 991	3 908 255	7 663 246
1987	5 173 372	5 320 283	10 493 655
2005	8 632 036	8 831 800	17 463 836
2010	9 599 224	9 806 876	19 406 100

On cherche à calculer le taux d'accroissement annuel moyen pour chaque période intercensitaire, soit ***r***. La méthode permet de tenir compte du fait que, soumise à un taux d'accroissement constant, une population s'accroit non pas selon une progression arithmétique, mais selon une progression géométrique. La formule des intérêts composés s'établit de la façon suivante :

$$P_1 = P_0(1+r)^n \quad (1)$$

On en tire que

$$r = \sqrt[n]{\frac{P_t}{P_0}} - 1$$

Avec P_0 = population initiale, P_t = population à l'instant t,

r = taux d'accroissement annuel moyen, ***n*** = nombre d'années entre les instants ***0*** et ***t***.

Pour la période de 1976 à 1987 :

$$r = \sqrt[11]{\frac{10493655}{7663246}} - 1 = 1{,}029898813 - 1 = 0.02898813$$

Le taux d'accroissement annuel moyen est donc de 2,89 % au cours de la période 1976 et 1987. On a pu ainsi calculer les taux d'accroissement annuel pour toutes les périodes jusqu'en 2010.

La formule (1) permet par ailleurs d'estimer l'effectif de la population en 2012. On connait ou on a une idée du rythme de l'accroissement démographique de la population. On peut alors calculer le temps de doublement ou de triplement de la population au rythme actuel. Un calcul qui suppose de passer par les logarithmes.

En effet, une approximation convenable consiste à diviser le nombre 70 par le taux exprimé en pourcents, car le logarithme népérien de 2 est proche de 0,7. Une population qui croît de 1% par an double en 70 ans. Avec le taux actuel de 2,6 %, on trouve que la population camerounaise actuelle doublera dans 27 ans, c'est-à-dire en 2039

On peut ainsi comparer le rythme des croissances des populations de différents pays pourtant situés dans la même transition démographique. Une telle analyse est particulièrement pertinente par ce qu'elle permet de prendre en compte les évolutions passées et futures d'une population, quelle que soit la durée de l'observation.

Sur la Théorie de la transition épidémiologique d'Abdel Omran.

Selon Omran, le processus de modernisation se déroule dans toutes les sociétés en trois «*âges*» : « *l'âge des pestes et de la famine*», au cours duquel la mortalité est forte et fluctuante, avec une espérance de vie moyenne inférieure à 30 ans, "*l'âge du recul des pandémies*" au cours duquel l'espérance de vie augmente considérablement, passant de moins de 30 à plus de 50 ans, et l'«*âge des maladies dégénératives et des maladies de société*", au cours duquel le rythme de la baisse de la mortalité s'amortit, en même temps que la disparition des maladies infectieuses augmente la visibilité des maladies dégénératives et que les maladies de société deviennent de plus en plus fréquentes.

Au moment où Abdel Omran élabore sa théorie de la transition épidémiologique les spécialistes les plus compétents, y compris les experts de l'ONU, prévoyaient une convergence générale des espérances de vie vers un âge maximal que les pays les plus avancés semblaient près d'atteindre. Selon les Perspectives de la Population Mondiale des Nations Unies le point de convergence était **de 75 ans** (Nations Unies, 1975). De fait, dans les pays les plus avancés, l'augmentation de l'espérance de vie s'est ralentie au cours des années 1960 et a même cessé dans certains pays, spécialement pour les hommes.

Sans remettre en question sur le fond la théorie de la transition épidémiologique, Jay Olshansky et Brian Ault en 1986, suivis en 1987 par Richard Rogers et Robert Hackenberg, ont toutefois introduit l'idée d'une "*quatrième phase*" au cours de laquelle le niveau du maximum vers lequel convergent les espérances de vie augmenterait du fait de progrès dans le traitement des maladies cardiovasculaires. En 1990 Jay Olshansky *et son équipe* ont fixé ce nouveau **maximum à 85 ans**, identique à celui que les Nations Unies ont retenu à la fin des années 1980 pour tous les pays. Mais le seuil de 85 ans est aujourd'hui fortement critiqué par de nombreux auteurs qui estiment qu'on ne peut déterminer de telles limites (Vaupel, 2001; Carey et Judge, 2001; Barbi et al. 2003).

Sur la Variation géographiques des caractères ou variables

Dans une collectivité, on connait quelques caractères ou variables X et leurs localisations spatiales Y dont on veut tester la variation. En considérant respectivement les modalités s et l des variables X et Y, on peut dresser le tableau suivant des effectifs croisés sur les deux variables observées :

$$
\begin{bmatrix}
Y/X & 1 & j & l \\
1 & & & \\
 & & & \\
i & & n_{ij} & n \\
 & & & \\
s & & n_{sj} & n_{sl}
\end{bmatrix}
\begin{bmatrix}
 \\
n_{1.} \\
 \\
n_{i.} \\
 \\
n_{s.}
\end{bmatrix}
$$

$$
\begin{array}{llll}
Total.. & & n_{.j} & n_{.l}
\end{array}
$$

Si f_{ij} est la fréquence d'apparition des modalités i sur X et j sur Y, l'indépendance s'exprime par le produit des fréquences marginales tel que $f_{ij} = f_{i.} \times f_{.j}$. Soient $n_{i.} = \sum_{j=1}^{l} n_{ij}$ le total des lignes et $n_{.j} = \sum_{i=1}^{s} n_{ij}$ le total des colonnes, l'effectif total est tel que $n_{..} = n = \sum_{i=1}^{s} \sum_{j=1}^{l} n_{ij}$, on estime $f_{i.}$ et $f_{.j}$ par $\frac{n_{i.}}{n}$ et $\frac{n_{.j}}{n}$ respectivement.

Sous l'hypothèse nulle (H_0) selon laquelle les sites géographiques ne varient pas en fonction d'un caractère donné, au croisement des modalités i et j, l'effectif théorique est calculé par $n \times f_{ij} = n \times (f_{i.} \times f_{.j})$, et la mesure de l'écart entre le tableau d'observation et le tableau théorique est exprimée par :

$\mu = \sum_{i}^{s} \sum_{j}^{l} \frac{(n_{ij} - n \times f_{ij})^2}{n \times f_{ij}}$, et μ suit une loi du Khi-deux (χ_v^2) de degrés de libertés $v = (s-1) \times (l-1)$ si aucun paramètre n'est estimé à partir de l'échantillon, sinon $v = (s-1) \times (l-1) - k$ si *k* paramètres sont estimés. Et le risque α de rejet de l'hypothèse (H_0) nulle est donné par la probabilité P telle que $P = \Pr ob(\mu > \chi_V^2 (tabulée) = \alpha$.

Sur les déterminants épidémiologiques

Pour donner une structure à une infection, les indices et les taux de son apparition dans un groupe ou une collectivité sont calculés.

Taux et ratio

Les taux et les ratios permettent de mesurer l'ampleur d'une épidémie, ils s'expriment en fréquences de cas, que l'on évalue par rapport à la population étudiée. Le procédé habituel consiste à mettre en rapport les cas observés (numérateur) avec un ensemble d'observations (dénominateur), dont les cas observés font partie ou pas.

Le taux (fraction) représente un rapport entre le nombre d'individus possédant un caractère spécifique et l'ensemble d'une population donnée.

Le ratio (indice) désigne le rapport entre deux entités possédant chacune des caractères distincts (différents).

Prévalence et incidence

La prévalence (P) représente le nombre total de cas dans une population déterminée, sans restriction entre les nouveaux cas et les cas anciens.

Lorsqu'on se réfère à des cas nouveaux dans une population déterminée, et pour une période donnée, on parle d'incidence (I).

La prévalence est aussi pour l'infection, une fonction de son incidence et de sa durée. Elle varie comme le produit de son incidence par la durée moyenne de la maladie.

$$P = I \times \overline{D}$$

Les hypothèses de distribution des infections tiennent donc compte du rôle joué par une ou plusieurs variables dans la structure de l'infection. On utilise les techniques d'analyses univariées ou multivariées ; et la procédure consiste à modéliser les risques.

La notion de risque n'est pas simple à appréhender, en réalité, il existe plusieurs notions du risque dans les manuels d'épidémiologie où l'on renvoie aux différentes mesures de risque relatif, d'odds ratio, de rapport de cotes, le risque attribuable, la différence de risque etc. Mais généralement, les données épidémiologiques se résument dans un tableau dit de contingence où les individus sont présentés selon leur situation sanitaire (infectés/non infectés), leur situation sociale (exposés/pas exposés), etc. Dans ce type de tableau, l'on s'attache à **mesurer le risque** en comparant les différentes situations.

Modéliser le risque, c'est déjà accepter qu'une infection ne se développe pas nécessairement chez un individu doté du caractère d'une variable d'exposition donnée, mais que la probabilité de contracter l'infection peut être grande ; les individus qui ne sont pas dotés du caractère d'une variable d'exposition peuvent néanmoins contracter cette infection ; les variables d'exposition à une infection peuvent être nombreuses pour un individu, et leur interaction peut jouer différemment sur la probabilité que cet individu soit infecté. Et la **modélisation du risque** revient donc corrélativement à rechercher une signification statistique aux paramètres qui mesurent le risque et en donner une interprétation réaliste.

Le test du Khi2

Le test du Khi2 est un test d'ajustement et aussi un test d'indépendance ; Il permet de comparer deux distributions et de vérifier l'indépendance stochastique de plusieurs critères d'exposition à une infection. Dans certains cas, on peut considérer l'indépendance comme un cas particulier de l'ajustement. Ce sont les cas où l'infection est distribuée selon certaines variables nominales (modalités de variables rangées par classe, les sites géographiques rangés selon leur taille, etc.) ; Le but du test est de vérifier si la population infinie dont les données empiriques disponibles sont extraites, possède une distribution déterminée de probabilité en m classes. Le test compare alors une distribution de fréquences observées f_{O_i} par classes $(i = 1, \ldots . m)$ avec une distribution de fréquences attendues f_{A_i}, qui est soit complètement définie, soit incomplètement définie. Elle reflète l'hypothèse scientifique que le chercheur désire tester. Elle est choisie par lui.

Le principe du test est alors de calculer une sorte de distance χ^2 entre la distribution observée et la distribution attendue. On sait montrer que la distribution de cette statistique tend vers une distribution Khi-2 à *(m-1)* degrés de liberté lorsque ***n*** augmente (la population est grande).

$$\chi^2 = \sum_{i=1}^{m} \frac{(f_{O_i} - f_{A_i})^2}{f_{A_i}} \xrightarrow{n} \chi^2_{(m-1)ddl}$$

La formule est la même lorsque le nombre de critères augmente ou plus d'une population interviennent. Ainsi, pour deux critères (tableau de contingence) tels que $i = 1,..., m_1 ; j = 1,..., m_2$ on a la distribution de la statistique qui tend vers une distribution Khi-2 à $(m_1 - 1) \times (m_2 - 1)$ degrés de liberté lorsque ***n*** augmente.

$$\chi^2 = \sum_{i=1}^{m_1} \sum_{j=1}^{m_2} \frac{(f_{O_{ji}} - f_{A_{ij}})^2}{f_{A_{ji}}} \xrightarrow{n} \chi^2_{(m_1-1)\times(m_2-1)ddl}$$

La référence à la distribution du Khi-2 permet de tester l'hypothèse nulle (H_0) en comparant χ^2 aux valeurs Khi-2 tabulées à un seuil choisi et correspondant au degré de liberté indiqué. En réalité, ce que l'on regarde, c'est la probabilité d'obtenir par pur hasard, une différence plus grande à celle observée. Ce test requiert quelques précautions : - les fréquences absolues utilisées doivent résulter du comptage d'individus indépendants ; - le recours à l'approximation asymptotique impose que la fréquence totale **n** ne soit pas trop petite (n > 20 ?), que les fréquences attendues ne soient pas inférieures à 5 dans plus de 20 p. 100 des classes. Mais il est admis que les fréquences attendues puissent être assez petites, pourvu qu'elles soient toutes de même ordre de grandeur et que le nombre de classes soient petit par rapport à la fréquence totale ***n***.

La régression logistique

Elle est utilisée pour rendre compte de la complexité des mécanismes en jeu. Sa technique est basée sur la régression linéaire, et sert à modéliser les probabilités d'être ou de ne pas être infecté. Les liens sont recherchés entre la variable qualitative dépendante d'exposition Y (réponses biologiques, séro+/Séro-, 1/0) et un ensemble W de variables explicatives, qualitatives ou quantitatives X_i censées influer sur la prévalence d'une infection. Le modèle (1) ou le modèle (2) mesure la probabilité d'être infecté sachant les valeurs X_i.

(1)

$$P(Sero+/X_1,..,X_p)=\frac{1}{1+e^{-(\alpha+\sum_{i=1}^{p}\beta_i x_i)}}=g[(\alpha,(\beta_1,...,\beta_p)),w]$$

(2)

$$Log\left(\frac{\pi}{1-\pi}\right)=Logit(\pi)=\alpha+\sum_{i=1}^{p}\beta_i\times X_i+\beta\varepsilon$$

En effet, les coefficients β_i vérifient la relation de l'odds-ratio (OR) associé à la variable X_i ajusté sur les autres variables du modèle comme suit : $OR_i=e^{\beta_i}$.

Lorsque plusieurs facteurs interviennent, la valeur du coefficient β_i de la variable X_i dépend de la présence d'autres variables, ce qui permet de prendre en compte les interactions éventuelles et relever le cas échéant, les facteurs de confusions.

Tendance globale et évolution du VIH jusqu'en 2000

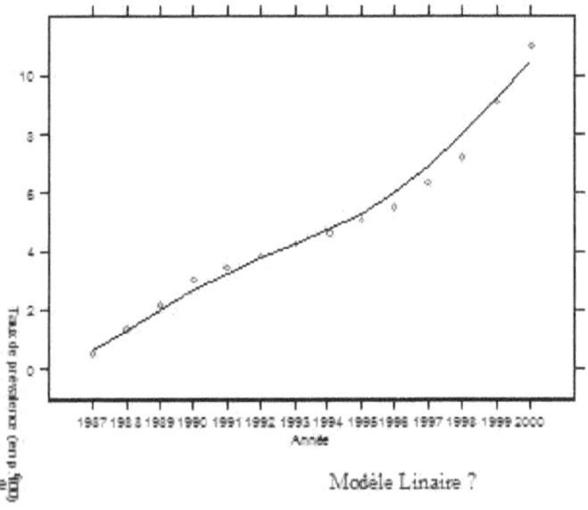

Modéle Exponentielle

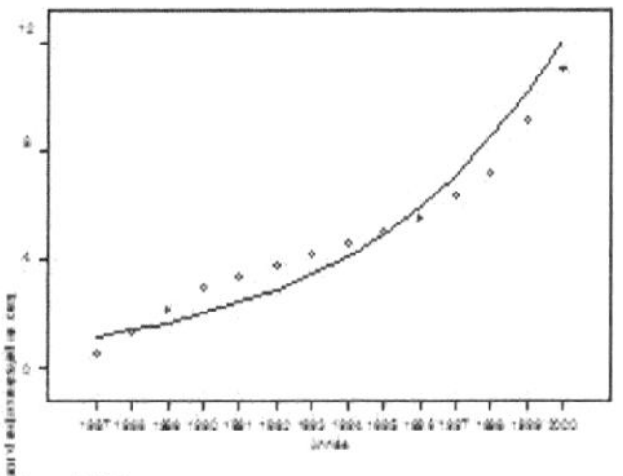

Modéle Linaire ?

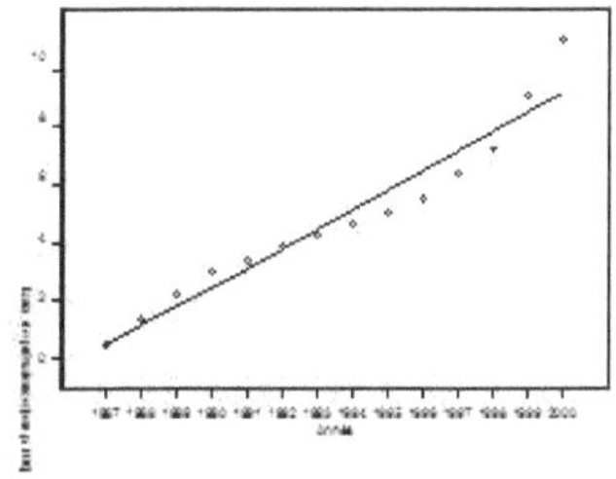

Robust MM

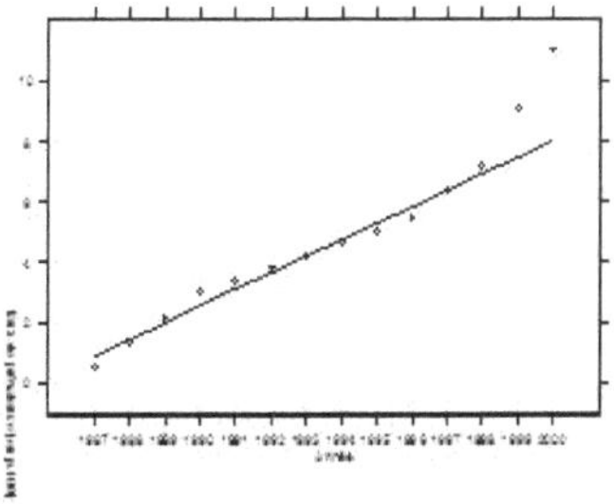

Robust lts

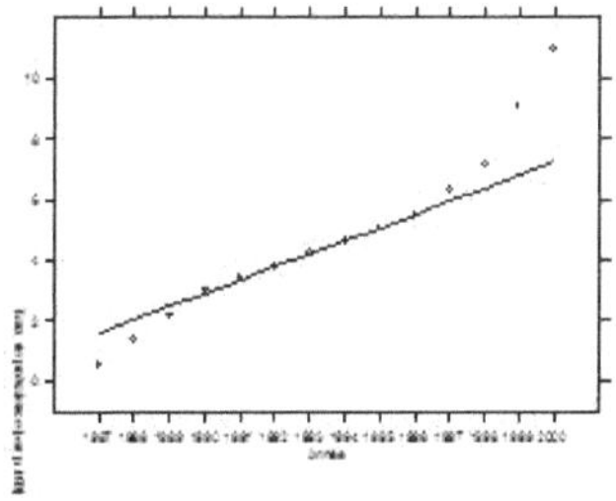

Sur les disparités spatiales de l'infection à VIH : situation en 2000

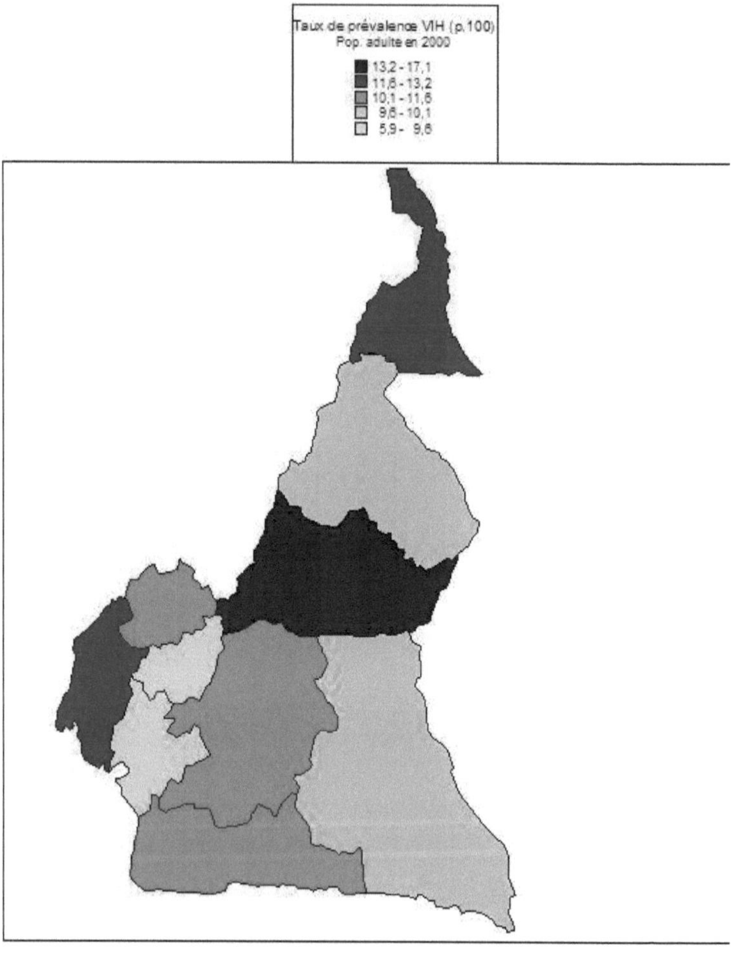

Distributions simulées de l'infection à VIH selon les départements et par région en 2012.

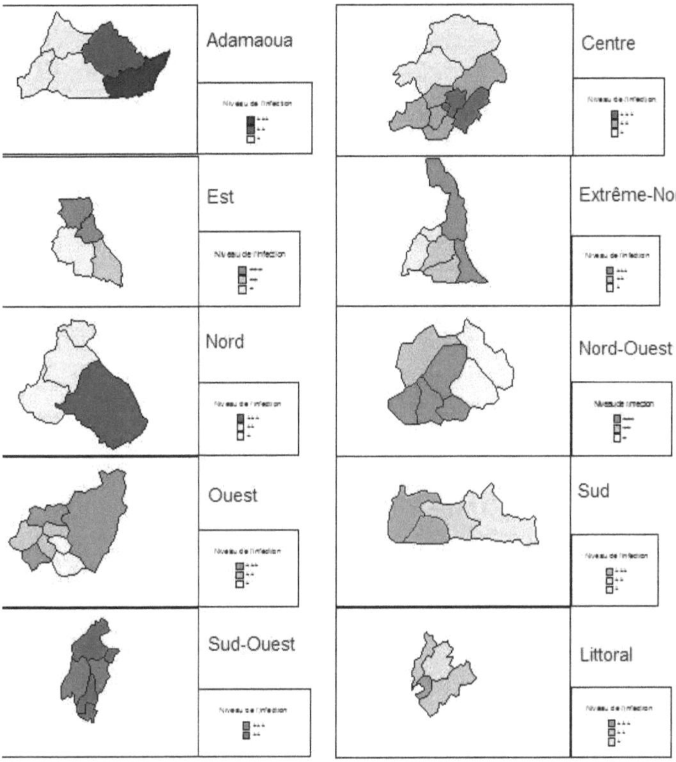

Sur l'analyse spatiale

La démarche consiste à évaluer les différences spatiales tout en utilisant les outils issus de l'analyse épidémiologique. Une infection se conçoit désormais comme le produit de multiples facteurs, il s'agit alors d'établir des corrélations et une hiérarchie des risques encourus par une population dans un territoire donné. Cette démarche permet de définir les liens géographiques de l'infection selon sa répartition spatiale et selon sa fréquence d'apparition.

Sachant que les différents lieux du territoire sont connectés par des processus humains de migration, et en outre l'espace en tant que **support** (routes, localisations des activités) – **produit** (un peuple et son histoire) – et **enjeux** (économiques) s'impose comme le résultat de la société à un moment donné, l'analyse spatiale cherchera des réponses aux questions posées par les phénomènes de concentration, de propagation et de diffusion.

Sur la dynamique spatiale

Il s'agit ici de formuler les hypothèses pertinentes en cherchant d'abord à localiser les risques dans les sites géographiques contigus par l'autocorrélation spatiale du processus qui permettrait d'évaluer les variations géographiques des taux de prévalences. Mais la distribution des infections n'a de dimension spatiale que si l'on est capable de dénombrer les cas d'infection à l'intérieur des contours des unités spatiales ; Au sens probabiliste, chaque cas dénombré est un évènement ; On peut donc étudier la répartition de ces évènements dans l'espace et lui inférer une loi de distribution ou simplement la modéliser. L'adéquation de la distribution observée à celle de la loi mesure un écart qui permet de voir si la distribution va dans le sens d'une concentration ou au contraire dans celui de la diffusion. Derrière la notion de concentration va naître l'idée de foyer, et derrière celle de la diffusion, on va discuter sur la transmission à l'homme dans un lieu, sur la propagation d'un lieu à un autre et dans toute la région étudiée. Des prolongements peuvent renvoyer aux analyses qui portent sur la notion de réseaux.

Sur la modélisation de la diffusion sociale et de la diffusion spatiale des infections[48].

L'étude de la diffusion sociale vise à caractériser à partir des profils épidémiologiques des individus, les différents dialogues qui se nouent à travers un système socio-épidémiologique du VIH. Pour caractériser un tel système social des influences, la sociométrie est souvent utilisée. Elle pose l'hypothèse que la transmission interhumaine de l'infection s'opère dans un système social où le jeu des influences varie. Dans ce système, certains individus sont déjà infectés par le virus (sur place ou ailleurs) alors que d'autres au contraire sont en situation de l'être. Les premiers ont probablement introduit le virus au sein des collectivités (réservoir initial) et les seconds sont vulnérables ou exposés à une contamination (sujets vulnérables).

Au moyen d'une analyse des correspondances multiples sur tableau disjonctif complet, suivi de la technique de régression logistique, on arrive facilement à construire le modèle socio-épidémiologique. De la même façon, la théorie des graphes propose à partir de la notion de clique la constitution des groupes sociaux.

Après avoir «choqué» les données d'analyse, les stabilités pour les différents modèles sexuels sont obtenues autour du statut matrimonial et de la syphilis

Dans l'approche du dialogue VIH/Sites géographiques visant à caractériser une diffusion spatiale, la mobilité des

[48] Cf. MBIAGA C, 2002.

individus est prise en compte pour expliquer l'introduction du virus dans un site géographique.

Modèle du réseau socio-géographique de l'infection à VIH

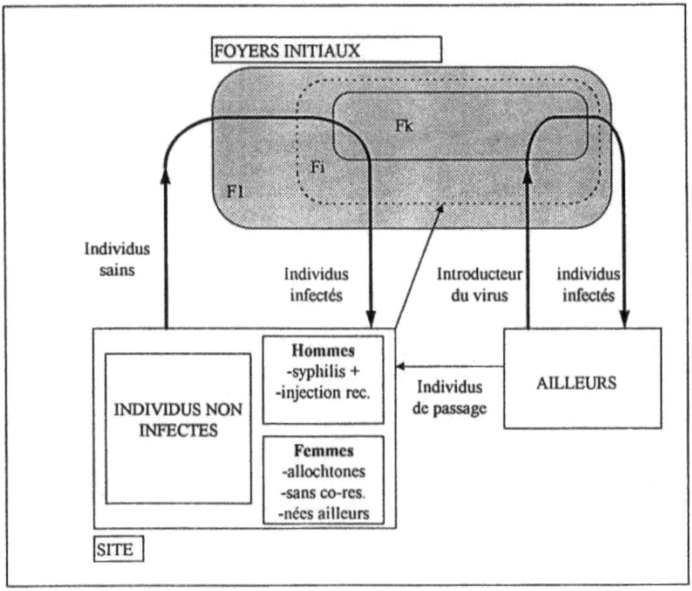

La mobilité met généralement en jeu deux catégories d'individus : les sujets de passage et/ou les membres.de la collectivité qui vont s'infecter ailleurs. Au Cameroun, la mobilité des femmes lorsqu'elle existe obéit à une logique socio-matrimoniale, et celle des hommes obéit à des objectifs socio-économiques. Au moyen d'une régression simple des prévalences de l'infection sur les taux d'absence distribués selon les sites géographiques, la statistique permet de donner au moins quantitativement une co-variation des deux distributions.

Les concentrations spatiales du VIH selon les Courbes de Lorenz donnent des indications sur les lieux privilégiés de pénétration du virus.

BIBLIOGRAPHIE

AKAM EVINA. 1990. « Infécondité et sous-fécondité : évaluation et recherche des facteurs. Le cas du Cameroun ». Les cahiers de l'IFORD. N°1.

AMADOU NOUMBISSI. « Structures par âge et sexe et dynamique démographique. Le cas du Cameroun » In Population, 49e année, n°3, 1994 pp. 751-771.

ANDERSON, RM ; MAY, RM ;McLEAN, AR. 1988. "Possible demographic impact of AIDS I developing countries". Nature. London. 332 : 228-234.

ANDERSON, R M. 1992. "Some aspects of sexual behaviour and the potentiel demographic impact of aids in developing countries". Pergamon press. N°3 pp. 271-280.

ANDREW T A. Learmonth. 1981. "The Geography of Health". Pergamon Press. pp. 262.

AUVERT. B, MOORE.M, BERTRAND. W.E, BEAUCHET. A & al. 1990. "Dynamics of HIV Infection and AIDS in Central African Cities". Int. Journal of Epidemiology. Vol. 19, N°2, pp 417-428.

BAILEY N T J, 1975. "The mathematical theory of infectious diseases and its applications". London.

BARBIER (Jean-Claude), 1984. « La périphérie active dans la chefferie traditionnelle bamiléké » in *Espace et pouvoir dans les sociétés multicentrées*, Bordeaux, AFA Aquitaine.

BARBIER J-C, 1979. « Opérations de développement et histoire des populations: cas de l'opération Yabassi-Bafang » in *Cahiers ORSTOM*, Série sciences humaines, vol XVI, nos 1 et 2.

BAYART (Jean-François), 1989. « *L'Etat en Afrique. La politique du ventre », *Paris, Fayard.

BAYART (Jean-François), 1985. « *L'Etat au Cameroun »,* Paris, Presses de la Fondation nationale des sciences politiques, 2e édition.

BENZECRI, J P. 1990. « Epidémiologie du SIDA : saturation de la croissance exponentielle ». Les cahiers de l'analyse des données. Vol XV n°2 pp 165-168.

BERTALANFFY. L. Von. 1973. « Théorie générale des systèmes » ; Dunod. Paris.

BERTHOMIERE William, CHIVALLON Christine, 2006. « Les diasporas dans le monde contemporain : un état des lieux ». KHARTALA et MSHA, Paris.

BIGGAR R.J. 1986. « The AIDS problem in Africa » ; The Lancet 1 : 79-83.

BIYA P. 1988. « Pour le libéralisme communautaire ». Sept. Edition Favre.

BOUYER. J. 1991. « La régression logistique en épidémiologie ». Note pédagogique. Rev. Epidém. Et Santé Publ. Partie I pp 77-87, Partie II pp. 183-1996. Masson, Paris.

BROUARD. N. 1994. « Aspects démographiques et conséquences de l'épidémie de Sida ». In Population africaines et sida. Coll. Recherches. Ed. La découverte/CEPED, Paris. 223 p.

CAHIERS ÉCONOMIQUES DU CAMEROUN. 2012. « Dynamiser le marché du travail Point sur la situation économique du Cameroun» Spécial Emploi Bureau du Cameroun. N° 3. Janv.

CARAËL. M, PIOT P. 1989. « Le SIDA en Afrique : aspects épidémiologiques et sociaux ». Cahier de l'INED. N° 124, pp 385-394.

CHAMPAUD J. 1983. « *Villes et campagne du Cameroun de l'Ouest* », Paris, ORSTOM.

CHARBONNIERE JR ; JUDET P.1993. « Succès asiatiques et nouvelles approches pour le développement en Afrique » in La France et l'Afrique pour un –Vade-mecum pour un nouveau voyage. De Serge MICHAÏLOF . pp 159-177. Ed Karthala.

Cliff AD, Ord JK. 1981. "Spatial processes. Models and applications". London, Pion Limited.

DONGMO D. 1988. « L'exploitation artisanale de l'or dans la province de l'Est (Cameroun) ». Revue de géographie du Cameroun. Vol VIII. N°1.

DYE C, ESPINAL MA, WATT CJ, MBIAGA C, WILLIAMS BG. 2002. "Worldwide incidence of multidrug-resistant tuberculosis." J Infect Dis. 2002 Apr 15;185(8):1197-202. Epub Apr 1.

ELWERT G,1997."*Social Transformation as an Endogenous Process Dealing with Strangers. A Comparison of Three African Rural Commmunities*", Paper for Agrarian Studies, Yale,

GESCHIERE. P, KONONGS. P. 1993. « Itinéraires d'accumulation au Cameroun ». Ed Khartala ; Paris.

GOREUX. L. 1995 « La dévaluation du franc CFA : Un premier bilan en décembre 1995 ». Rapport pour la banque mondiale. 152p.

GTZ. 2007. « La diaspora camerounaise en Allemagne. Sa contribution au développement du Cameroun » ; Ministère fédéral de la coopération économique et du développement. Projet sectoriel.

GUELLEC D RALLE P. 1997. « *Les Nouvelles Théories de la Croissance* », La Découverte, Paris.

HAGGET. P. 1973. « L'analyse spatiale en géographie humaine » Ed. Armand Colin. Coll. U. Paris. 390 p. Nancy.

HERAN F. 2012. « Le phénomène migratoire Données et réflexions ». INED. Avril.

FMI (Fonds Monétaire International). 2011. Cameroun : consultations de 2010 au titre de l'article IV - Rapport des services du FMI; suppléments des services du FMI; note d'information au public sur les délibérations du Conseil d'administration; déclaration de l'Administrateur pour le Cameroun. Mars. Rapport du FMI n° 10/259(F)

INED, 1998. « *Population et histoire* », 53e année, janv-avril, INED-PUF, Paris, n° 1-2

JEAN, R. V.1987. « Une approche mathématique de La biologie ». Gaëtan Morin Ed. Chicoutimi, Canada, 407p.

JOLIVET, E. 1983. « Introduction aux modèles mathématiques en biologie », Paris, Masson, 151p.

KANDEM. P. 2008. « Mobilité d'enfants isolés d'origine camerounaise en Ile-de-France : des pratiques traditionnelles locales aux mutations en migration ». e-migrinter n°2 pp 186-195.

KLEINBAUM DG, KUPPER LL, 1978, *Applied Regression Analysis and Other Multivariate Methods*, Boston, Duxbury Press.

KLOVDAHL ALDEN.S. 1985. "Social networks and the spread of infectious diseases : the aids example". Soc. Sci. Med; Vol 21. N°11, pp. 1203-1216; Pergamon Press Ltd. Great Britain.

KONINGS Piet. 2005."Assessing the Power of Newly Created Teachers' Organisations during Cameroon's Political Liberalisation" in *JHEA/RESA* Vol. 3, 2, 2005: 129-152.

LEBART.L, MORINEAU.A, PINON.M., 1995, *Statistique exploratoire multidimensionnelle*, Paris, Dunod.

LEBRETON J.D, MILLIER,C.1982.« Modèles dynamiques déterministes en biologie ». Masson, Paris.

LEMOIGNE J. L. 1984. « La théorie du système général, théorie de la modélisation ». PUF. Paris. 2ème. édition complète.

LEVRAT. R. 2010. « Culture commerciale et développement rural. L'exemple du coton au Nord-Cameroun depuis 1950 ». Etudes Africaines. 316p.

LOUIS JP, TREBUCQ A, MIGLIANI R, LOUIS FJ, GARCIA JM, WANSI E, MAUBERT B, SOMSE P, TESSIER S, REMY G. 1993. « Avancée du front épidémique de l'infection à VIH-1 en Afrique Centrale ». Bull. OCEAC, Vol 26 n°1 mars.

MASIH A.M & MASIH, R.1998. "A multivariate cointegrated modeling approach intesting temporal causality between energy consumption, real income and prices with an application to two Asian LDCs. *Applied Economics* 30, 1287–1298.

Marshall RJ. 1991. "A review of methods for statistical analysis of spatial patterns of disease". J R Stat Soc, 154 pp. 421-441.

May, R. M.1978. « Mathematical Ecology ", Wiley & sons.

MBIAGA C, NAIZOT T, ROUX M. 2002. « Sur une représentation globale des infections a VIH en Afrique subsaharienne. Les complexes socio-spatiaux de risques ». Revue Européenne Cybergeo. N°215.

MIAFFO D et WARNIER J-P. 1993. « Accumulation et ethos de la notabilité chez les Bamiléké » in Geschiere (Peter) et Konings (Piet), *Itinéraires d'accumulation au Cameroun. Pathways to Accumulation in Cameroon*, Paris, ASC/Karthala, pp 33-69.

MOUICHE I,2005. « *Autorités traditionnelles et démocratisation au Cameroun. Entre logique du terroir et de l'Etat »*, Modernity and Belonging Series, vol 5, Münster, LIT Verlag.

MOUICHE I Mouiche 1997.« Le royaume bamoun, les chefferies bamiléké et l'Etat au Cameroun » in Nchoji Nkwi (Paul) et Nyamnjoh (Francis.B), *Regional Balance and National Integration in cameroon. Lessons Learned and Uncertain Future. Equilibre régional et intégration nationale au Cameroun. Leçons du passé et perspectives d'avenir*, Yaoundé/Leiden, ASC/ICASSRT, pp: 306-322.

MORIN Egard, 2011. « La Voie. Pour l'avenir de l'humanité », Fayard.

MORIN Egard, 2006. « L'Ethique » (t.6), Seuil, Points Essais, n° 555.

MORITOMO R, HOPE C. 2004. "The impact of electricity supply on economic growth in Sri Lanka", Energy Economics 26, 77–85.

MOYO D. 2009. "L'aide fatale. Les ravages d'une aide inutile et de nouvelles solutions pour l'Afrique. Ed JCLattès.

NGAYAP (Pierre-Flambeau), 1983. « *Cameroun. Qui gouverne ? De Ahidjo à Biya, l'héritage et l'enjeu* », Paris, L'Harmattan.

NLEP (Roger-Gabriel), 1986 « *L'administration publique camerounaise: contribution à l'étude des systèmes africains d'administration publique* », Paris, LGDJ.

OH W., LEE K. 2004, "Causal relationship between energy consumption and GDP revisited: the case of Korea 1970–1999", *Energy Economics* 26 (1), 1– 177.

OMRAN Abdel R., 1971. – The epidemiologic transition : a theory of the epidemiology of population change, *Milbank Memorial Fund Quarterly*, vol. 49, n° 4, p. 509-538.

OMRAN Abdel R., 1998. – The epidemiologic transition theory revisited thirty years later, *World Health Statistics Quarterly/Rapport trimestriel de statistiques sanitaires*, vol. 51, n° 2-3-4, p. 99-119. (Historical epidemiology :

mortality decline, and old and new transitions in health, numéro spécial édité par Odile FRANK).

ORGANISATION INTERNATIONALE POUR LES MIGRATIONS. 2009. « Migration au Cameroun. Profil national 2009 ».

ORGANISATION DES NATIONS UNIES POUR L'EDUCATION, LA SCIENCE ET LA CULTURE. 2010. « Données mondiales de l'éducation. Le Cameroun 2010/11». 7ème édition. Déc. IBE/2010/CP/WDE/CM.

ONU, 1999, *World population data 1999*. Division de la population, Département des affaires économiques et sociales, Secrétariat des Nations Unies.

ONUSIDA., 2000, "Estimations et Indicateurs relatifs à l'infection à VIH/SIDA, fin 1997.", *Rapport sur l'épidémie mondiale de VIH/SIDA Juin 1998*. Programme commun des Nations Unies sur le VIH/SIDA. Genève.

PELISSIER Michel, PAECHT Arthur, Les modèles d'intégration en question. Enjeux et perspectives. IRIS-PUF, Paris, 2004.

PICHERAL H., 1982, "Géographie médicale, géographie des maladies, géographie de la santé", *L'espace géographique*, N°3, 161-175.

POPULATION DIVISION, 1998. – The demographic impact of HIV/AIDS. *Population Newsletter,* december, p. 5-7.

PUMAIN (Denise), SAINT-JULIEN (Thérèse). Les interactions spatiales. Flux et changements dans l'espace, ARMAND COLIN, Paris, 2001.

REMY G, MBIAGA C, MIGLIANI J.P, LOUIS J.P, TREBUCQ A, JABOT F, ROUX M, GEROYANNIS H. 1996. « Dynamique Socio-Géographique de l'infection à VIH-1 en Afrique Centrale. Régions de Batouri (Cameroun) – Berberati (Centrafrique) ». Médecine d'Afrique Noire. Vol 43 (8/9).

RICHARDSON S. 1992. « Modélisation statistique des variations géographiques en épidémiologie ». Rev. Epidem. Et Santé Publique. 40, 33-45.

RIPLEY B D. 1981. « Spatial statistics ». Wiley. New-york.

SHARMA S.K. & MOHAN A. 2004. « Multidrug-resistant tuberculosis ». Indian J Med Res 120, October, pp 354-376

SIKOMBE Kayo (André), « La dynamique politique des conflits fonciers à l'Ouest Cameroun » in Revue africaine d'études politiques et stratégiques no 2, 2002 : 69-95.

SIMON. H. A. 1974. « La science des systèmes ». Epi, Paris.

TABAPSSI. F (Timothée), 1999. « *Le modèle migratoire bamiléké (Cameroun) et sa crise actuelle »: perspectives économique et culturelle,* Leiden, CNWS.

THOM R. 1972. « Stabilité structurelle et morphogénèse ». Diffusion Edi science. Cf. p. 224.

United Nations (1986). *Age Structure of Mortality in Developing Countries.* A Database for Cross-Sectional and Time Series Research. ST/ESA/SER.R/66.

United Nations. Departement of Economic and Social Affairs. "*World Population Prospects, the 2010 Revision*".

VALLIN Jacques, 1989. – Théorie(s) de la baisse de la mortalité et situation africaine, *in* :Gilles PISON, Daniel SALA DIAKANDA et Étienne VAN DE WALLE (éd.), *Mortalité et Société en Afrique au sud du Sahara,* p. 399-431. – Paris, INED, PUF, 446 p. (Travaux et documents, Cahier n° 124).

VIDAL Annie, 1994. « La pensée démographique. Doctrines, théories et politiques de population ». Presse Universitaire de Grenoble, Grenoble.

WALLACE, RODRICK. 1991. "Social desintegration and the spread of aids : thresholds for propagation along 'sociogeographic networks". Pergamon press. Soc. Sci. Med. Vol 33, N°10, pp 1155-1162

WALLISER B. 1977. « Systèmes et modèles, introduction critique à l'analyse des systèmes ». Seuil. Paris.

WARNIER J-P,1993. « *L'esprit d'entreprise au Cameroun* », Paris, Karthala.

DOCUMENTS OFFICIELS

BUCREP (Bureau Central des Recensements et des Etudes de Population). 2011. « Enjeux et défis d'une population de 20 millions d'habitants au Cameroun en 2011 ». Novembre.

Comité des Produits – Groupe Intergouvernemental sur la Banane et les Fruits Tropicaux 2011. « Dispositifs institutionnels pour les petits exploitants de la banane au Cameroun» Cinquième session. Yaoundé (Cameroun), 3 – 5 mai.

CNLS - GTC (Comité National de Lutte Contre le SIDA/Groupe Technique Central).2010. « L'impact du VIH et du Sida au Cameroun à l'horizon 2020 »

CNLS (Comité National de Lutte contre le SIDA). 2010. « Plan Stratégique National de Lutte contre le VIH, le SIDA et les IST. 2011 – 2015 ». Août.

ICA (The Infrastructure Consortium for Africa). 2008. « Point sur la production de l'énergie électrique en Afrique » 13 et 14 mars.

INSTITUT NATIONAL DE STATISTIQUE. 2010. Annuaire statistique du Cameroun.

MINISTERE DE LA SANTE PUBLIQUE. 2006. « Plan stratégique pour la promotion et le développement des mutuelles de santé au Cameroun. 2005 – 2015. Mars.

MINISTERE DE LA SANTE PUBLIQUE. « Plan Stratégique National de Lutte contre le Paludisme au Cameroun. 2007-2010 »

MINISTERE DE L'ECONOMIE, DE LA PLANIFICATION ET DE L'AMENAGEMENT DU TERRITOIRE. 2009. « Cameroun vision 2035 ».

MINISTERE DE L'ENVIRONNEMENT ET DES FORETS (Cellule de Coordination du PNGE) En collaboration avec LE PROGRAMME DES NATIONS UNIES POUR LE DEVELOPPEMENT. 1995. « La situation géologique et des ressources minérales au Cameroun. Etude des préoccupations environnementales. Politique et législation relatives à la gestion des catastrophes naturelles et à l'exploitation minière et pétrolière». Vol II. Novembre.

MINISTERE DE L'AGRICULTURE ET DU DEVELOPPEMENT RURAL DU CAMEROUN. 2006. « Evolution et situation actuelle de l'agriculture et de l'élevage» Rapport de synthèse. Projet d'appui à l'agriculture africaine. Juillet.

MINISTERE DE L'EMPLOI ET DE LA FORMATION PROFESSIONNELLE. 2009. « Etude sur la filière porteuse d'emploi : palmier à huile ». Nov.

PNLP-The Global Fund. 2007. "Rapport d'activités" Draft 1 : Avril.

RESEAU SIDA AFRIQUE. « Cartographie de la lutte contre la paludisme »

RESEAU ASSOCIATIF DES CONSOMMATEURS DE L'ENERGIE. 2010. « Analyse du secteur de l'énergie électrique au Cameroun, Bilan des actions de plaidoyers et système de tarification de l'électricité». Novembre.

RGPH. 2010. « La population du Cameroun en 2010 ». 3ème recensement générales de la population et de l'habitat.

Service du premier ministère du Cameroun. « Document de Stratégie Pour la Croissance et l'Emploi (DSCE) ». 2003.

Service du premier ministère du Cameroun. « Document de Stratégie de Réduction de la Pauvreté (DSRP) ». 2003.

Service du premier ministère du Cameroun. « Enquête Cameroun auprès des Ménages (ECAM III) »

TABLE DES MATIERES

Le Cameroun aux éditions L'Harmattan

GUIDE CULTUREL ET TOURISTIQUE DE LA PROVINCE DE L'OUEST DU CAMEROUN
Tchetgna Martial Sophonie
Cet ouvrage présente de manière détaillée les différents sites touristiques et les caractéristiques socioculturelles de la province de l'Ouest du Cameroun. Le lecteur y trouvera des renseignements utiles concernant l'hébergement, les restaurants et les divers modes de transport, mais aussi de précieuses informations sur les sites d'intérêt à visiter, les différentes chefferies, les musées, et les nombreuses merveilles naturelles de la région Bamiléké.
(Coll. Harmattan Cameroun, 18.00 euros, 186 p.) ISBN : 978-2-296-99081-4

ESSENCE (L') DU CAMEROUNAIS
Mbarga Jean-Claude - Préface d'Eero Tarasti
Cet ouvrage pose le problème de l'individualité spirituelle de la nation camerounaise et de l'idiosyncrasie du Camerounais dans sa pluridimensionnalité, à travers l'examen d'un certain nombre de traits caractéristiques. Il nous promène dans les méandres de l'espace public, de la mort, de la mendicité, de la friperie matérielle et humaine, du sexe, et des tontines.
(Coll. Harmattan Cameroun, série Théôrie et critique, 25.00 euros, 238 p.) ISBN : 978-2-296-99090-6

NORD-CAMEROUN (LE) À L'ÉPREUVE DES PLURALISMES
Quand les sciences sociales interrogent...
Gwoda Adder Abel, Zélao Alawadi
Le Nord-Cameroun c'est une réalité géographique et territoriale, mais aussi une société composite et cosmopolitique. L'histoire y a favorisé la contraction et la concentration des peuples, des cultures et des civilisations différenciées. Les sciences sociales examinant une telle diversité anthropologique se démarquent des positions toutes faites sur le pluralisme. Les figures de la convivialité prennent aussi le pas sur les identités difficiles.
(Coll. Pensée Africaine, 27.00 euros, 274 p.) ISBN : 978-2-296-96262-0

RÉGULATION DU MARCHÉ DES TÉLÉCOMMUNICATIONS EN AFRIQUE – L'exemple du Cameroun
Kibong Amira Georges
Dans le domaine des télécommunications, la régulation - ou la déréglementation - est-elle une étape nécessaire au développement ? La libéralisation du marché garantit-elle l'ouverture à une concurrence saine ? La privatisation est-elle une garantie de la libéralisation ? Quel rôle de l'autorité de régulation ? Quel tribunal de la concurrence ? Quel statut pour les opérateurs télécoms ? Et surtout quel financement ? C'est à cette série d'interrogations auxquelles cet ouvrage tente de répondre.
(Coll. Etudes africaines, 20.00 euros, 192 p.) ISBN : 978-2-296-99268-9

MARC-VIVIEN FOÉ. HISTOIRE D'UN FOOTBALLEUR CAMEROUNAIS

Atangana Séverin - Préface d'Augustin Edjoa

Cet ouvrage est le témoignage vivant de l'itinéraire d'un talentueux footballeur, d'un homme charitable aux qualités exceptionnelles, décédé le 26 juin 2003 au stade Gerland en France, au cours d'un tournoi. Le livre retrace le parcours sportif de Marc-Vivien Foé, depuis le Cameroun jusqu'en Europe, dans de très grands clubs de football, sans oublier les 64 sélections au sein des Lions indomptables du Cameroun.

(Coll. Harmattan Cameroun, 15.50 euros, 152 p.) ISBN : 978-2-296-99082-1

ÉPREUVE (L') D'ÉTUDE DE TEXTE PAR L'EXERCICE AU CYCLE D'ORIENTATION AU CAMEROUN

Ohandza Ngono Gabriel - Préface de Catherine Awoundja Nsata

Ce manuel est une contribution à la complexe activité d'enseignement/apprentissage du français dans les classes de 4e et 3e (du Cameroun). Son intérêt réside dans le fait qu'il se veut pratique. L'ouvrage clarifie l'exercice d'»étude de texte», en classe de français, pour que les apprenants en maîtrisent les contours. Il est conçu sur la base des textes constituant une sorte de panorama de la littérature. L'ouvrage propose des éléments de corrigé pour certains textes.

(Coll. Harmattan Cameroun, 14.50 euros, 134 p.) ISBN : 978-2-296-99089-0

CRITIQUE DE L'UNILATÉRALISME IDÉOLOGIQUE OCCIDENTAL
Éloge de la logique tam-tam

Gomina-Pampali Laurent

Cet ouvrage analyse la capacité des Africains à porter régulièrement un regard critique et rationnel, profond et objectif, sur les peuples, les civilisations et les cultures d'autres régions du monde, et à médiatiser, au quotidien, ce regard critique ainsi que ses conclusions au profit des Africains, comme le font depuis des siècles Européens et Américains.

(Coll. Harmattan Cameroun, 14.50 euros, 142 p.) ISBN : 978-2-296-99073-9

FIGURES DE L'HISTOIRE DU CAMEROUN
XIXe-XXe siècle

Kouosseu Jules, Tchouaké Noumbissie M. - Préface du professeur Daniel Abwa

Comment éclairer les destins individuels ? Comment construire l'histoire du Cameroun à travers des personnages parfois maintenus dans l'ombre des événements ? En une quinzaine de contributions, mettant en relief des personnages de premier et second plan, les auteurs font connaître le passé du Cameroun et enrichissent l'historiographie camerounaise.

(Coll. Harmattan Cameroun, 28.00 euros, 382 p.) ISBN : 978-2-296-99044-9

ÉNERGIE, ÉCONOMIE ET ENVIRONNEMENT
Contradiction ou co-développement ?
Le cas du Cameroun

Fondja Wandji Yris D. - Préface du professeur Patrice Geoffron

Comment satisfaire la demande en énergie consécutive à la croissance démographique et au nécessaire développement économique, et ce sous

contrainte environnementale ? Cet ouvrage fournit des clés de compréhension. Voici des éléments conceptuels et empiriques permettant de comprendre les tensions dans le triangle «Énergie-Économie-Environnement», dans les pays en voie de développement. Un développement énergétique durable au Cameroun nécessite l'utilisation des énergies renouvelables, combinées à celles du potentiel hydroélectrique, ainsi que l'incitation à l'investissement privé.
(Coll. Etudes africaines, 31.00 euros, 298 p.) *ISBN : 978-2-296-96557-7*

ETHNICITÉ, FRONTIÈRES ET STABILITÉ AUX CONFINS DU CAMEROUN, DU NIGERIA ET DU TCHAD
Issa Saïbou
Tout en creusant les relents historiques de la crise contextuelle de cohabitation entre les Arabes Choa et les Koroko ainsi que le rôle de la conjoncture politique dans l'exhumation des différends du passé, ce livre propose une lecture géopolitique pour cartographier les enjeux de paix, de stabilité et de sécurité aux frontières septentrionales du Cameroun.
(Coll. Harmattan Cameroun, 16.50 euros, 158 p.) ISBN : 978-2-296-99051-7

TRANSPORTS (LES) URBAINS EN AFRIQUE
L'exemple de Douala au Cameroun
Eboumbou Jemba Christian
Avec près de trois millions d'habitants en 2012, la ville portuaire de Douala connaît un essor spectaculaire lié à sa fonction de grande métropole économique. Les classes sociales défavorisées, captives des transports en commun peu efficaces, sont rejetées dans les quartiers sous-équipés, de plus en plus éloignés du centre-ville. La mobilité motorisée s'impose face à la marche à pied. Le développement des transports s'accompagne de disparités territoriales et d'inégalités sociales préjudiciables à la dynamique économique urbaine.
(Coll. Etudes africaines, 46.50 euros, 470 p.) *ISBN : 978-2-296-96989-6*

LEADERSHIP (LE) LOCAL AU CAMEROUN
Nkou Nkou Célestin
Cet ouvrage met en relief les dérives du système politique camerounais dont les acteurs du régime, l'exécutif, le judiciaire, le législatif, plus exactement les partis de la majorité au pouvoir, réussissent le sinistre exploit de dévoyer l'Etat et ses institutions subséquentes. Bref, le Cameroun est devenu un pays où les morts votent pour les vivants.
(12.00 euros, 100 p.) *ISBN : 978-2-296-55980-6*

SERVICE (LE) PUBLIC DU SPORT EN AFRIQUE NOIRE
L'exemple du Cameroun
Deuxième édition, revue et augmentée
Dikoumé François Claude
Qu'est devenu le Service Public du Sport en Afrique Noire (Cameroun) aujourd'hui ? L'étatisation dominante d'il y a deux décennies s'est-elle affirmée ou relâchée avec les mutations du monde ? A-t-elle survécu ou disparu ? Le sport ne peut plus être considéré comme un phénomène purement national.

S'il est facile de montrer l'importance du sport comme phénomène de société, il est beaucoup plus délicat d'apprécier son influence sur l'évolution de la société. Voici un ensemble de réflexions sur le sport et ses enjeux.
(Coll. Etudes africaines, 29.00 euros, 282 p.) *ISBN : 978-2-296-96397-9*

PÉRÉGRINATIONS (LES) DES DESCENDANTS D'AFRI KARA
Traduit de l'oeuvre Dulu bon b'Afrikara (écrit en boulou) de Ondoua Engutu
Abomo-Maurin Marie-Rose
L'oeuvre originale est un texte mythique et fondateur de la communauté Fan-Boulou-Beti qui relate l'épopée d'Afri Kara, l'ancêtre commun de cette communauté, et les migrations de ses descendants. Ce texte publié en 1948 s'est inspiré d'un récit oral et constitue une véritable référence culturelle et identitaire. Cette traduction, pourvue d'un apparat critique, restitue fidèlement le contenu du texte original tout en le clarifiant.
(21.00 euros, 212 p.) *ISBN : 978-2-296-99121-7*

CONCERTALISME, CONCERTOCRATIE ET ÉCONOMIE SOCIALE. LA CONCERTATION AU COEUR DES SYSTÈMES ÉCONOMIQUES, MANAGÉRIAUX, POLITIQUES ET SOCIAUX AU XXIÈ SIÈCLE
Concertalism, concertocracy and social economy. Concertation at the center of economic, managerial, political and social systems in the 21st century
Kamdem Emmanuel
En plaçant la concertation au coeur des systèmes économiques, managériaux, politiques et sociaux, l'auteur démontre qu'en décidant ensemble, les parties prenantes prennent l'engagement de partager les responsabilités qui en découlent et sont dès lors toutes gagnantes. Pour lui, la concertation est, d'une part, un moyen de lutter contre l'autoritarisme et, d'autre part, un moyen par lequel l'autorité peut justifier ses actions. (Articles en anglais et en français.)
(Coll. Harmattan Cameroun, 21.00 euros, 202 p.) ISBN : 978-2-296-99063-0

ALGIRDAS JULIEN GREIMAS ET LA SCIENCE DES SIGNES
Mbala Ze Barnabé
Préface de Jean-Claude Mbarga
D'une manière presque diachronique, cet essai retrace le cheminement de Greimas, de la mise en valeur de l'héritage saussurien à la consolidation d'une sémiotique de l'action et des passions, et surtout de leur interdépendance. Les principaux instruments opératoires (l'analyse componentielle, le schéma actantiel, le carré sémiotique, les structures modale, pathémique et véridictoire) sont revisités dans leur fécondité et leur caractère probant.
(Coll. Harmattan Cameroun, 20.00 euros, 196 p.) ISBN : 978-2-296-99071-5

ÉPISTÉMOLOGIE (L') D'ÉMILE MEYERSON
Éléments pour une réception politiste africaine
Chatue Jacques
Cet ouvrage répond au double objectif de contribuer à une intelligence contemporaine de l'épistémologie d'Émile Meyerson et d'en souligner un enjeu politique majeur : celui de l'autoconstitution/auto-intuition d'un «ordre public» endogène en Afrique.
(Coll. Harmattan Cameroun, 22.00 euros, 224 p.) ISBN : 978-2-296-99062-3

L'HARMATTAN, ITALIA
Via Degli Artisti 15; 10124 Torino

L'HARMATTAN HONGRIE
Könyvesbolt ; Kossuth L. u. 14-16
1053 Budapest

ESPACE L'HARMATTAN KINSHASA
Faculté des Sciences sociales,
politiques et administratives
BP243, KIN XI
Université de Kinshasa

L'HARMATTAN CONGO
67, av. E. P. Lumumba
Bât. – Congo Pharmacie (Bib. Nat.)
BP2874 Brazzaville
harmattan.congo@yahoo.fr

L'HARMATTAN GUINÉE
Almamya Rue KA 028, en face du restaurant Le Cèdre
OKB agency BP 3470 Conakry
(00224) 60 20 85 08
harmattanguinee@yahoo.fr

L'HARMATTAN CAMEROUN
BP 11486
Face à la SNI, immeuble Don Bosco
Yaoundé
(00237) 99 76 61 66
harmattancam@yahoo.fr

L'HARMATTAN CÔTE D'IVOIRE
Résidence Karl / cité des arts
Abidjan-Cocody 03 BP 1588 Abidjan 03
(00225) 05 77 87 31
etien_nda@yahoo.fr

L'HARMATTAN MAURITANIE
Espace El Kettab du livre francophone
N° 472 avenue du Palais des Congrès
BP 316 Nouakchott
(00222) 63 25 980

L'HARMATTAN SÉNÉGAL
« Villa Rose », rue de Diourbel X G, Point E
BP 45034 Dakar FANN
(00221) 33 825 98 58 / 77 242 25 08
senharmattan@gmail.com

L'HARMATTAN TOGO
1771, Bd du 13 janvier
BP 414 Lomé
Tél : 00 228 2201792
gerry@taama.net

Achevé d'imprimer par Corlet Numérique - 14110 Condé-sur-Noireau
N° d'Imprimeur : 93862 - Dépôt légal : janvier 2013 - *Imprimé en France*